Erwin Leinemann

Der (wahre) Chef bin ich!

W0088247

Erwin Leinemann

Der (wahre) Chef bin ich!

Hundegeschichten
vom anderen Ende der Leine

ChiemgauerVerlagshaus.de

Inhalt

Wir Hunde sind auch nur Menschen.
Aber klüger, schneller und schöner 7

Das Leben ändert sich 9

Das neue Leben. Wenig Häuser, viel Natur
und ganz andere Menschen 20

Das Meer, das gar keines ist 30

Die neuen Nachbarn. Kleine und große
Hunde, stolze Katzen 38

Hunde sind wie Menschen, nur anders 51

Formalitäten mit Folgen 63

Ich bin ein Dackel – holt mich hier raus 74

Landleben ist lebensgefährlich 85

Auch Hunde sind Jäger und Sammler 96

Alles für die Liebe 109

Der Hund ist ein Hund. Oder doch nicht? 120

Liebe geht manchmal seltsame Wege 132

Das Unglück bahnt sich an.
Oder das Glück? 145

Wer mit wem und wann und wo? 156

Die Zweibeiner drehen durch 167

Auch kleine Hunde lieben große Abenteuer 178

Überlebenskampf auf der Insel 190

Zwischen Gefängnis und Freiheit
ist nur ein kleiner Spalt 201

Showdown am See 212

Wir Hunde sind auch nur Menschen.
Aber klüger, schneller und schöner

Ist euch nicht längst aufgefallen, dass immer mehr Zweibeiner die Gesellschaft von Hunden suchen? Hunde sind zur Zeit schwer im Trend. Nicht etwa nur irgendwelche Modefiffis oder Doppelgänger von Filmhunden, sondern eigentlich ziemlich alle. Ältere Damen mit Dauerwellen aus den Sechzigerjahren und coole Jungs, die im Hochsommer mit Wollmützen rumlaufen, tragen in ihren Designertäschchen kleine Schoßhündchen spazieren. Männer, die aussehen wie eine Mischung aus Möbelpacker und Motorradgang, leben in WGs mit Rottweilern und Dobermännern. Frauen, die die Hoffnung auf die große Liebe aufgegeben haben, ziehen mit Golden Retrievern in renovierte Landwohnungen.

Der Hund wird gerade befördert. Vom Haustier zum Allzwecktherapeuten und Partner- oder Kindersatz, was ihn adelt, aber oft auch überfordert. Hunde haben so viele menschenähnliche Charakterzüge. Sie haben Hunger und Durst, sie sind häuslich, anhänglich und genießen das Leben zusammen mit Freunden. Sie sind manchmal verliebt, manchmal traurig, spielen viel mit Kumpels, und sie freuen sich, wenn sich ihre Zweibeiner freuen. Wer empfängt euch so leidenschaftlich, wenn ihr von der Arbeit heimkommt? Katzen ganz bestimmt nicht. Wir lieben wie ihr gutes und reichliches Essen und schlafen gerne in kuscheligen Betten. Hunde sind naturverbunden, was bei euch gerade ziemlich in ist. Dass sie deshalb auf Wiesen kacken, sich im Schlamm wälzen und öffentliche Liebesspiele praktizieren, ist keine Boshaftigkeit, sondern alte Hundetradition. Habt ihr früher auch gemacht.

Hunde sind wir ihr, nur netter. Sie sind nicht auf euer Geld scharf. Hunde drehen euch Zweibeinern keine Handyverträge und Versicherungen an. Sie lügen nicht, klauen keine Fahrräder, spannen euch die Partner nicht aus. Oder wenn doch, dann nur platonisch. Der Hund hat es verdient, dass ihr euch mit ihm mehr beschäftigt und ihn nicht nur nach seiner Größe und der Farbe seines Fells beurteilt. Wer diese Geschichten gelesen hat, wird verstehen, warum.

Das Leben ändert sich

Eigentlich hab ich es bis heute nicht verstanden. Wir waren doch eine glückliche Familie. Zumindest eine ziemlich zufriedene. Wir hatten eine schöne Wohnung im Erdgeschoss, einen kleinen Garten mit einem Rasen und einem Zaun drum herum und einem winzigen Gemüsebeet am Rand, das für mich verboten war.

Unsere Wohnung war in einer guten Gegend, wo es eher ruhig war. Für Berliner Verhältnisse eine echte Idylle. Lauter Häuser mit einem Garten herum und um die Ecke und keine zwei Minuten zu Fuß ein Park mit interessant riechenden Bäumen und Sträuchern. Für unsereins ist Ruhe ein Thema. Wir Hunde haben empfindliche Ohren, viel empfindlicher als die menschlichen Teile, die ja so klein und schrumpelig sind. Wir hören Dinge, von denen ihr keine Ahnung habt.

Ich bin, was das angeht, ein ziemlich großer Hund. Meine Ohren sind ordentliche Lappen, relativ riesig, wenn man bedenkt, dass ich ein Rauhaardackel bin, also bestimmt kein Hunderiese. Dackel sind derzeit nicht gerade Modehunde. Früher war das anders, hab ich gehört. Da war der Dackel der klassische deutsche Hund. Die Nummer zwei nach dem Schäferhund. Dackel hielten sich die Leute, die keinen Platz oder keine Nerven für Schäferhunde hatten.

Den jungen Leuten kam das mit der Zeit spießig vor. Sie wollten originelle Hunde. Hunde zum

Herzeigen, zum Angeben. Wenn irgendwo ein Hundefilm ein Erfolg war, so wie die 101 Dalmatiner, dann kauften sie Dalmatiner wie blöde. Wenn Madonna oder Lady Gaga irgendeinen dekadenten auftoupierten Fiffi in der Louis-Vuitton-Tasche spazieren trägt, dann wird das garantiert ein Kassenschlager.

Wir Dackel sind Klassiker. Wir sind die Hunde für Menschen, die Hunde mögen und keine behaarten Statussymbole. Meine beiden Zweibeiner sind jedenfalls echte Hundeliebhaber. Seit wir zusammen sind, und das sind mittlerweile gute drei Jahre, schauen sie immer darauf, dass ich Auslauf habe, dass ich morgens und abends meine Geschäfte erledigen kann und dass ich auch ordentlich zu fressen bekomme.

Beim Futter gehen die Vorstellungen vielleicht etwas auseinander. Mehr Fleisch wäre mir schon recht, aber sie meint immer, dass ich auch gesunde Sachen mit Vitaminen und so Zeug bekommen soll. Die Kekse sind etwas trocken, aber wenn du Hunger hast, bis du nicht wählerisch. Und als Hund kannst du auch nicht einfach an den Kühlschrank gehen.

Wie gesagt, wir führten eigentlich ein zufriedenes Leben. Ich hatte auch eine Freundin nebenan, mit der ich mich öfters bei den Gassi-Ausflügen im Park traf. So war's auch an diesem merkwürdigen Tag, der schon etwas unruhig begann, als die Zweibeinerin mit mir den morgendlichen Gassi-Gang machte und schon ganz hektisch zum Park hinwollte und mich beim Schnüffeln an den Bäumen und beim Wasserlassen hektisch an der Leine zog. Ich mag das überhaupt nicht.

Meine Freundin Amanda, eine todschicke Border-Terrier-Dame mit glänzendem hellen Fell und süßen dunklen Schlappohren, war auch schon da und erwartete mich sehnsüchtig.

„Hey, Amanda", rief ich ihr zu.

Sie fiepte laut und hell und lief auf mich zu. Ich wollte ihr entgegen, doch ich hing immer noch an der blöden Leine. Normalerweise ließ die Zweibeinerin mich immer frei laufen. Aber heute war es irgendwie anders. Ich war genervt, zerrte kräftig und bellte sie zornig an. „Bei Fuß!", rief sie ein paarmal aufgeregt und zog an der Leine.

Als Dackel hast du gegen einen erwachsenen Menschen wenig Chancen. Die sind zehnmal so groß und fünfzehnmal so schwer. Da ziehst du den Kürzeren.

Amanda stand da und guckte. Ich war mir nicht sicher, ob sie nun genervt war oder Mitleid mit mir hatte. Meine Zweibeinerin zog mich weg, fluchte irgendetwas, und Amanda bellte mich an. „Bleib doch da. Es ist so schön hier." Ich zog noch an der Leine, spreizte mich ein und bellte zurück. „Wir sehen uns später." Doch es sollte ganz anders kommen.

Zurück bei der Wohnung, hörte ich schon vor der Haustür laute, dunkle Männerstimmen. Stimmen, die ich nicht kannte. Wir gingen rein, und im Flur standen schon große Schachteln herum. Drei Männer standen im Wohnzimmer, hatten Flaschen in der Hand und redeten ziemlich durcheinander. Sie rochen gar nicht gut. Eine Mischung aus Schweiß, Bier, kaltem Zigarettenrauch und etwas alter Seife. Mit den vielen Leuten wurde es ziemlich eng in der Wohnung. Es waren ja meine beiden Zweibeiner auch noch da.

Als kleiner Dackel musst du da auf der Hut sein. Vor allem weil solche Fremden nicht gewohnt sind, dass da unten noch was Kleines herumschleicht. Da treten sie dir schnell auf die Pfoten oder auf den Schwanz. Meine Zweibeinerin hat mich deshalb gleich im Arbeitszimmer deponiert und dort neben einem Futternapf mit den Gesundheitskeksen am Schreibtisch angeleint.

Ich hab nicht kapiert, worüber sie im Wohnzimmer mit den Fremden redeten. Aber es lag eine merkwürdige hektische Stimmung in der Luft. Eine Stimmung, die nach Veränderung roch. Ich war unruhig.

Einer der drei Männer stapfte dann ins Arbeitszimmer und fing an, auf dem Tisch den Computer auseinanderzuschrauben. Ich lag unter dem Tisch und bin ganz an die Wand gerutscht. Der Typ war mir nicht geheuer, und er fühlte sich nicht wie ein Hundefreund an. Er hatte vorne eine Glatze und hinten ziemlich lange Haare. Die dicken Unterarme waren bunt angemalt, und er hatte ziemlich viel Glitzerzeug im Gesicht. Seine Füße rochen ranzig, als er vor mir stand und am Computer rumbastelte.

Das sind so eher die Typen, dachte ich in dem Moment, die, wenn schon auf Hunde, dann auf Dobermänner und Rottweiler stehen. Ich kannte diese Sorte vom Gassigehen. In der Stadt gab es Viertel, wo solche Gestalten haufenweise unterwegs waren. Ich fand sie genauso wenig sympathisch wie ihre dicken, großen Hunde, die kleine Dackel wie mich mit ihren stechenden Augen anschauten, als ob sie einen gleich fressen wollten, und denen schon der Sabber aus dem Maul runtertropfte.

Ich lag also unter dem Tisch, hörte, wie der angemalte Dicke den Computer wegtrug, und fragte mich ernsthaft, was hier abging. Mir sagte mal wieder keiner was. Ich war ja nur ein Hund.

Wenn sie gut gelaunt sind, die Menschen, dann labern sie dich voll mit kindlichem Zeug, behandeln dich wie einen Säugling, wollen dich knuddeln und abknutschen wie einen Spielzeugteddybären. Wenn sie aber mal gestresst sind, dann dreht sich das Blatt. Dann bist du als Hund nur im Weg, kannst dich am besten in den hintersten Winkel verkriechen. Und mitteilen, was los ist, was sie vorhaben, das interessiert sie gar nicht. Du bis ja nur ein Hund. So was wie ein Möbelstück mit vier Beinen, das auf Kommando auch laufen kann.

Ich war also langsam ziemlich angefressen an diesem Tag. Bis dann das Telefon klingelte. Telefongespräche sind interessant, weil ich ja dank meines guten Gehörs auch die Stimmen der Anrufer hören kann, auch wenn sie oft ziemlich blechern klingen.

„Hallo, Carsten, wie weit seid ihr schon mit eurem Umzug?", schnatterte es aus dem Hörer.

„Die Leute von der Spedition haben grad angefangen. Ich denke, dass wir am frühen Nachmittag den Möbelwagen voll haben und starten können", antwortete mein Zweibeiner.

Jetzt war es also raus. Umzug. Wir verließen die nette Wohnung und zogen woandershin. Wir? Hoffentlich galt das auch für mich. Wer konnte wissen, was die da vorhatten? Ich war ja noch nie umgezogen. Zumindest nicht mit Menschen. Der einzige Umzug, den ich kannte, das war, als sie mich beim Züchter abholten und mitnahmen.

Ich war damals noch ein Winzling gewesen, gerade mal zwölf Wochen alt, mit Mutter und vier Geschwistern. Da haben sie mich rausgerissen aus meiner frühkindlichen Idylle. Das war ein Schock, der mich wochenlang lähmte, und ich pinkelte und kackte in der Zeit überall hin, was meine erste Zeit als Einzelhund auch nicht leichter machte.

Woher sollte ich also wissen, wie ein Umzug bei den Menschen aussah? Hunde ziehen selbst ja nicht um. Sie haben ihr Revier, das sie kennen und das sie auch verteidigen. Warum woanders hingehen, wenn das vertraut ist und man dort seine Freunde kennt. Und die Feinde natürlich auch. Woanders bist du dann der Störenfried und musst dich gegen fremde Hunde verteidigen und dir ein Revier aufbauen. Wie unnötig.

Aber als Hund hast du es manchmal ziemlich schwer, die Menschen zu verstehen. Sie sind oft einfach nur kompliziert.

An diesem Tag war der Hund Nebensache. Irgendwann hat mein Zweibeiner nach mir gerufen: „Rambo, schön sitzen bleiben!"

Rambo haben sie mich wegen meiner Größe getauft. Menschen nennen das Ironie. Egal.

Das war die gesamte Anteilnahme. Bis mittags zumindest. Dann wurde es allmählich leer in der Wohnung, und ich durfte auch mal aus dem Arbeitszimmer raus, rüber ins Wohnzimmer und in den kleinen Garten, wo ich ziemlich rasch an einen Strauch pinkelte. Komischerweise hat sich jetzt keiner darüber aufgeregt. Die Zweibeinerin hat leicht gezuckt. Aber er sagte zu ihr nur: „Lass mal. Ist doch egal. Wir sind ja eh gleich weg."

Ich hab es mir dann auf der Terrasse bequem gemacht und über meine Freunde nachgedacht. Über Amanda vor allem, die ich vielleicht nie mehr sehen würde. Aber wir könnten sie ja mal besuchen. Die Frage war nur, wie weit weg wir sein würden.

Fred, der Golden Retriever, war auch ein guter Freund. Ein Riesenkerl, mit dem ich aber oft gut spielen und in den Büschen rumtollen konnte. Fred war noch ziemlich jung und verspielt und hatte viel Spaß, wenn ich unter seinem Bauch hin und her tollte.

Den Kater des Nachbarn im rechten Haus würde ich nicht vermissen. Der Mistkerl hatte mich oft genug genervt. Einmal hatte ich ihn abends beim Pinkelausgang in unserem Garten erwischt, war ihm unter die Hecke nach und wollte ihn etwas kneifen. Er hat mir voll eine auf die Schnauze gegeben mit seinen ausgefahrenen Krallen. Ich hab ordentlich geblutet, und mir hat der ganze Kopf einige Tage weh getan.

Amanda hat gemeint, ich dürfe mir das nicht gefallen lassen und solle es ihm heimzahlen. Wollte ich auch, aber der Mistkerl war dann immer nur nachts unterwegs, und da hab ich keinen Ausgang.

Katzen sind langweilige Viecher. Sie hängen die ganze Zeit rum, rühren sich kaum, laufen wollen sie nur im Notfall, und sie sind notorische Einzelgänger. Zusammen sind sie nur bei der Paarung, und da machen die Jungs einen fürchterlichen Krach die halbe Nacht. Hunde und Menschen können kaum schlafen, und deren schlechte Laune muss ich als Hund dann ausbaden.

Die Menschen sind oft ganz entzückt von den Katzen, wollen mit ihnen spielen und sie knuddeln. So wie mit uns kleinen Hunden. Aber den meisten Katzen geht das völlig auf den Wecker. Noch mehr als uns Hunden. Dass wir da viel netter und näher zu den Menschen sind, das übersehen die gerne. Von uns haben sie doch viel mehr.

Irgendwann am Nachmittag war die Wohnung dann endlich leer. Die dicken Männer von der Spedition sind verschwunden und in ihren Lastwagen gestiegen. Ihr Geruch war ja auch kaum mehr auszuhalten. Meine Zweibeiner haben noch den Schmutz vom Boden weggekehrt und die Fenster geputzt. Auch so eine menschliche Marotte.

Ich musste dann noch mal schnell mein Geschäft erledigen, hab dabei versucht, Richtung Park und Richtung Amanda zu laufen, hatte aber keine Chance. Mein Zweibeiner hat mich gleich wieder zurückgezogen mit der blöden Leine, und wir sind dann ins Auto.

Ich musste in einer Box sitzen. Autofahren ist nicht meine Stärke, und ich hab ihnen als Junger schon öfters die Polster vollgemacht. Dafür haben die beiden gar keinen Humor.

Ich bin dann schon etwas nervös geworden. Denn ich hatte gar keine Ahnung, wo es hinging. Ortsnamen sagen uns Hunden ja nichts, wobei sie uns normalerweise egal sind, wenn wir am Ende wieder in die Heimat, ins eigene Revier zurückkommen.

Aber davon konnte an diesem Tag keine Rede sein. Wir sind raus aus der Stadt und auf die Autobahn gefahren. Es war eine ziemlich lange und langweilige Fahrt. Gott sei Dank ging es immer geradeaus. Kurven kann ich gar nicht abhaben. Da wird mir ganz schnell schlecht. Unterwegs, ich denke, es war nach ungefähr drei Stunden, haben wir eine Pause an der Autobahn gemacht. Es war ein Lokal mit einem großen Parkplatz, auf dem es genauso hektisch zuging wie drinnen im Restaurant. Immerhin gab's für Hunde eine Wasserschüssel. Danach sind beide abwechselnd im Untergeschoss verschwunden. Ich nehme an, sie mussten auch mal. Menschen verstecken sich dabei ja, was uns Hunden ziemlich blöd vorkommt. Ich hab nach dem Wasser noch ein paar trockene Kekse bekommen. Das war's dann auch schon.

Ich hab dann im Auto ein wenig in meiner Kiste geschlafen und geträumt, ich würde mit Amanda durch den Park laufen und mit Stöcken spielen. Meine Zweibeiner würden die Stöcke schmeißen und uns mit dicken, fetten Würsten belohnen. Der Traum hatte nur ein schreckliches Ende. Plötzlich hat es laut gehupt, das Auto hat stark geruckelt und die Zweibeinerin wild geflucht. Ich glaube, ein Lastwagen hat ihr die Vorfahrt genommen und sie musste heftig bremsen. Na ja. Über Lastwagenfahrer hatte ich so meine Meinung nach diesem Vormittag.

Die Fahrt war noch lange nicht zu Ende. Die Stunden vergingen. Die beiden Zweibeiner haben sich beim Fahren immer wieder abgelöst und wenig geredet. Ich glaube, sie waren einfach total müde. Zuerst die Schlepperei, dann das Putzen und dann noch diese endlose Autofahrt. Wozu müssen Menschen eigentlich umziehen? Das macht doch wirklich keinen Sinn.

Wir sind unterwegs dann über einen breiten Fluss und später an einer großen Stadt vorbeigefahren. „Endlich sind wir in Bayern", hat sie laut gerufen. Es klang, als ob sie sich freuen würde.

Ich hatte keine Ahnung, was Bayern ist. Jedenfalls war es weit weg von unserer Heimat, sah aber trotzdem nicht viel anders aus als die Gegend rund um Berlin. Ich hab dann immer wieder ein wenig geschlafen. Draußen ist es dunkel geworden.

Irgendwann sind wir dann angekommen. Meine Leute waren hundemüde. Das haben sie selbst gesagt.

Ich selbst weiß eigentlich nicht, warum die Menschen das sagen. Sind Hunde besondere Schläfer? Weil wir nicht wie sie zum Arbeiten gehen? Ich denke, dass es damit zu tun hat. Unsereins kümmert sich eben nur um die wichtigen Dinge im Leben und nervt nicht sich und andere mit allem möglichen Kram. Aber deswegen sind wir doch keine Schlafmützen. Auch egal. Jedenfalls haben wir dann unser neues Heim besichtigt. Es war ziemlich groß und leer. Nur ein paar Kartons standen rum und zwei Betten für meine Zweibeiner.

Ob das hier nun schöner war als zu Hause, konnte ich anfangs noch gar nicht entscheiden. Sehen konnten wir ja nicht viel. Die beiden haben dann Wurstbrote gegessen und Bier getrunken. Ich bekam eine kleine Büchse Hundefutter und Kekse. Danach sind sie mit mir geschäftemäßig vors Haus. Beide zusammen, das gab's sonst eigentlich selten spätabends.

Das war's dann. Willkommen im neuen Leben.

Das neue Leben. Wenig Häuser, viel Natur und ganz andere Menschen

Ich bin ja das, was ihr Menschen einen Stadthund nennt. Einer, der in Wohnungen aufwächst, in denen du als Hund nicht einfach mal rausgehen, rumschnüffeln, Pipi machen oder Duftmarken setzen kannst. Als Stadthund bis du wie ein Gefängnisinsasse, der von seinen menschlichen Wärtern hin und wieder rausgelassen wird, der nur in Begleitung auf Freigang darf und dann meist nur mit Leine, weil hinter jeder Mauerecke entweder ein anderer Hund lauert oder irgendein Verrückter, der Krach macht, oder ein Radfahrer, der dich nur sehen muss, um das Gesicht zu einer bösen Grimasse zu verziehen, und der ziemlich unsympathische Duftstoffe in die Luft entlässt.

Radfahrer riechen nicht verlockend. Das könnt ihr mir glauben. Diese Mischung aus Schweiß und Aggression tut der Nase nicht gut und hebt auch nicht die Stimmung, wenn du schon mal rausdarfst.

Und dann ist da noch das Theater mit den Geschäften. An den Baum pinkeln geht ja noch, aber größere Aktionen sind der pure Stress. Seit die Menschen jetzt immer ihre schwarzen Plastiksäcke dabeihaben, wo sie die Überreste hektisch und mit wenig erfreutem Gesicht reinschaufeln, ist es irgendwie etwas entspannter.

Als Stadthund bis du immer im Stress. Außer zu Hause, aber da hast du auch nicht viel zu tun.

Du hast dein Körbchen im Wohnzimmer. Aufs Sofa darfst du nicht. Beim Essen musst du unten am Boden bleiben, kriegst auch nichts ab. Abends hocken die zwei stundenlang vor ihrem Fernseher und reden fast nichts, essen ihre Chips, die ich als Kleiner mal heimlich probiert habe und fürchterliche Blähungen bekam, weil ich das scharf gewürzte Zeug einfach nicht vertrage. Da waren meine beiden Zweibeiner ziemlich angefressen, vor allem weil auch Besuch da war.

Aber das ist lange her, und Chips sind mir ziemlich egal, auch wenn mir dieser scharfe Duft stark durch die Nase zieht. Wie eben fast alles, was mit Essen zu tun hat.

Ihr könnt euch also gut vorstellen, dass das Leben als Stadthund nicht nur lustig ist für einen, der von seinen Erbanlagen her ein Jagdhund, also ein echter Naturbursche ist. In der Stadt gibt es keine Maulwurfslöcher und keinen Dachsbau, in den du dich reingraben kannst. Überall Asphalt, und die einzigen Löcher sind Mülltonnen, die zwar manchmal verführerisch riechen, aber wenn ich da reinspringe, krieg ich mit meinen Zweibeinern mächtig Ärger. Vor allem mit ihr. Was Gerüche angeht, sind die Frauen, ich meine die Menschenfrauen, extrem empfindlich. Riechen tun sie zwar auch nicht viel mehr als ihre Männer, aber wenn, dann tun sie furchtbar wichtig. Auch in den Parks mit den Sandkästen der Kinderspielplätze bis du als Hund nicht gerade willkommen.

Nun waren wir also auf dem Land, und ich war mächtig neugierig. Wir hatten jetzt keine Wohnung mehr mit einem Minigarten, sondern ein richtiges Haus. Genau genommen war es eine Doppelhaushälfte (das sagten meine Zweibeiner), und der Garten war ein wenig größer, aber nicht wirklich viel. Kurz nach unserer Ankunft ist auch der Möbelwagen angekommen, und dann wurde es im neuen Haus ziemlich hektisch. Die Möbelpacker haben die Sachen hereingeschleppt, merkwürdige Dinge gesagt und ziemlich nach Bier und Schweiß gerochen.

Meine Leute waren extrem gestresst. Er hat den Möbelpackern geholfen, und sie hat Teller und Besteck in der Küche aus den Kartons ausgepackt und immer wieder hektisch nach ihm gerufen, was er nicht gehört hat. „Liebling, weißt du, wo dies ist? Schatz, kannst du mir das bringen?"

Ich glaube aber, er hat's nicht hören wollen, weil er mit der Schlepperei genug beschäftigt war, sein Hemd war ziemlich durchgeschwitzt, und er hatte sich dann noch einen Finger im Toilettenschrank eingezwickt.

Als Dackel spielst du an solchen Tagen eine klare Nebenrolle. Eigentlich stehst du im Weg und musst dazu höllisch aufpassen, dass dich nicht einer dieser dicken Kerle von der Spedition über den Haufen rennt oder auf dich drauftritt. Sie erkennen ja fast nichts, wenn sie ein Sofa oder eine Kommode schleppen. Und einen Dackel hast du da schnell übersehen.

Ich hab mich in den Garten verzogen und ein wenig rumgeschnüffelt, in die Hecke hier und dort ein wenig gepinkelt und gehofft, dass sie meine Mahlzeiten nicht vergessen.

Links neben unserem Haus war noch ein anderes Haus, und das hatte den gleichen Garten, mit einer Hecke dazwischen. Irgendwann habe ich es dort rascheln gehört und bin neugierig sofort hingelaufen. Ich hab nicht gebellt, weil es ja am ersten Tag noch nicht wirklich das eigene Revier ist. Und als Dackel weißt du auch nicht, was noch so alles auf uns zukommt. Aber da war irgendwas, und dann bin ich gleich zur Hecke und bin einem fremden Duft gefolgt. Kein Hundeduft.

Könnte eine Katze sein, hab ich noch gedacht, und da ging's schon los. Ein grelles, lautes Fauchen sprang mir ins Gesicht. Und ich blicke in zwei kalte blaue Katzenaugen, die mich anschauen, als ob ich ihr letztes Futter weggefressen hätte. Da lag sie auf der anderen Seite der Hecke und starrte mich giftig an, die Krallen ausgefahren, den Körper zum Sprung angelegt.

Nein danke. Katzen mag ich einfach nicht. Den neurotischen Großstadtkatzen bin ich immer aus dem Weg gegangen. In der Stadt siehst du sie ja kaum, weil ihre Besitzer Angst haben, dass sie überfahren werden oder sich verlaufen oder von Menschen gefangen werden, die Katzen gerne in Kochtöpfe schmeißen. Hier waren sie offensichtlich in freier Wildbahn unterwegs, und das gefiel mir gar nicht.

Sie hat mich angestarrt, wie Katzen eben böse schauen, und geknurrt. Da war ich etwas unsicher. Streiten wollte ich nicht gleich. Schließlich war ich neu hier, und da musst du erst mal die Lage peilen. Andererseits war es wichtig zu zeigen, wer der Chef ist, wem das Revier gehört.

Dann hab ich sie angebellt, geknurrt, aber alles mit Sicherheitsabstand. Die Katzenviecher sind ja pfeilschnell und fahren dir gleich mit ihren scharfen Krallen über die Nase. Sie hat sich auch nicht gerührt und wollte mir wohl klarmachen: Das hier ist mein Revier, und da hast du nichts zu suchen. Ich bin dann etwas von der Hecke weg, hab noch ein wenig gebellt, damit sie auch etwas Respekt vor mir bekommt. Aber das blöde Vieh ist einfach liegen geblieben und hat nur darauf gewartet, dass ich nachgebe. Dabei hab ich nur zurückhaltend gebellt, nur ein wenig geknurrt und war sonst auch nicht besonders aggressiv. Mit den direkten Nachbarn sollte man sich ja eher gut stellen. Und Krallen auf der eigenen Nase sind wirklich kein Vergnügen.

Es war vieles neu für mich hier in Bayern. Die Häuser waren kleiner. Es gab viele Wiesen, und auf den Straßen waren nur wenige Menschen unterwegs. Der Krach von den Autos hielt sich auch in Grenzen. Von anderen Hunden habe ich am ersten Tag nicht viel gesehen.

„Bayern ist so richtig gemütlich", hat meine Zweibeinerin gesagt und gestrahlt. Ich weiß nicht, was gemütlich bedeutet. Wahrscheinlich hat es viel mit Ruhe zu tun.

Die Gegend hier war merkwürdig. Schaute man auf der einen Seite aus dem Fenster unseres Hauses, dann sah man nur andere Häuser und flaches Land. Auf der anderen Seite waren die Berge. Endlos hohe Hügel mit viel Wald und weißen Flecken ganz oben.

„Ich freu mich schon so auf die Berge", hat der Zweibeiner dann immer wieder laut gerufen. Ziemlich laut.

Die Menschen lieben anscheinend diese Berge, sprechen voller Ehrfurcht und Begeisterung von ihnen. Ich hatte so hohe Berge noch nie gesehen. Und für einen kleinen Hund mit kurzen Beinen sind solche Ungetüme auch nicht gerade einladend. Hoffentlich kamen sie nicht auf die Idee, dort überall hinaufzulaufen.

Der erste Tag im neuen Land war ziemlich langweilig. Für mich jedenfalls. Die Zweibeiner hatten ja genug zu tun, waren abends total geschafft. Zum Essen gab's für mich Dosenfutter. Die beiden haben sich Pizza bringen lassen. Die Küche funktionierte noch nicht so richtig.

Pizza mag ich nicht. Dieser schwammige Teig mit Käse und Tomaten, Sardellen und Peperoni. Alles Sachen, die Hunden nicht schmecken und deinen Magen ziemlich strapazieren. Von den Gewürzen will ich erst gar nicht reden. Menschen sind ja verrückt nach italienischem Essen. Meine Zweibeinerin bekommt dann immer eine noch höhere und laute Stimme. „Uhhh, ich könnte sterben für Tortellini und Tiramisu."

Ich persönlich finde Nudeln langweilig. Bolognese ginge noch. Wirklich gut schmeckt mir der Parmesankäse. Nicht so sehr der geriebene aus der Tüte, sondern der im ganzen Stück. Aber den kriegst du als Hund wirklich nur, wenn er mal vom Küchentisch fällt. Jetzt wisst ihr auch, warum ich beim Kochen immer in der Küche lauere. Irgendwas kann immer mal abfallen.

Am zweiten Tag haben die beiden wieder ausgepackt, umgepackt, Schränke eingeräumt, geputzt und gejammert. Warum taten sie das nur, wenn es so wenig Spaß machte?

Der zweite Tag im neuen Land war also auch langweilig. Und wieder gab es Dosenfutter für mich und Pizza für die anderen. Wenn das so weiterging?

Am dritten Tag sind wir endlich mal spazieren gewesen. Nicht nur ums Eck zum Geschäftemachen. Die Gegend gefiel mir. Viel Grün, viel Platz zum Rumlaufen. Und Hunde gab es hier auch einige. Die Wiese an der Straße, die Bäume und Sträucher rochen entsprechend. Zwei Häuser weiter war ein schwarzer Labrador, ein etwas älterer Rüde, dem ich anscheinend egal war. Ein ziemlich dicker Bursche, auffallend träge. Wahrscheinlich hatten ihn seine Leute kastrieren lassen. Wie grässlich. Das tun die Menschen nur, weil sie zu faul sind, mit einem temperamentvollen Hund zu leben, der auch ein wenig Spaß haben will. Ganz schön egoistisch.

Auf der anderen Straßenseite kam uns etwas später eine Frau mit einem nervösen Jack Russell entgegen. Diese Hunde sind auch nicht größer als unsereins, aber irgendwie doch anders. Total hektisch und furchtbar eitel. In der großen Stadt triffst du diese kleinen Modehunde ziemlich oft. Das Merkwürdige ist, dass ich sehr oft nicht sie zuerst rieche, sondern ihre Zweibeinerinnen, die eine dicke Parfümwolke vor sich her tragen, sodass du gar nicht mehr richtig erschnüffeln kannst, was für ein Hund da nun dabei ist. Hier auf dem Land schien das etwas anders zu sein. Der Duft war deutlich geringer, und solche Paare waren hier auch nicht so oft unterwegs. Es war ein Weibchen. Ich hab sie kurz angebellt, aber die Frau hat gleich nervös an der Leine gezogen, ihr irgendwas ins Ohr gezischt und ist schnell weitergelaufen. Gegen ein kleines Rendezvous hätte ich nichts gehabt.

Hier auf dem Land musst du unterwegs höllisch aufpassen auf die Gartenzäune. Das gibt es in der Stadt nur selten. Aber hier lauert hinter jedem zweiten Zaun ein Hund, dem anscheinend langweilig ist und der seinen Frust an einem kleinen Dackel ablassen will. Vor allem die Schäferhunde sind da grob, und von denen gibt es in Bayern ganz schön viele.

Als in unserem neuen Haus dann endlich die Möbel einigermaßen aufgeräumt und die Dinge so waren, wie sich die beiden das vorgestellt hatten, sind wir viel Gassi gegangen. Das haben sie zwar auch wegen mir gemacht, müssen sie ja auch schließlich, aber vor allem hat sie die Neugierde getrieben. Sie wollten halt auch erfahren, wie so ihr neues Revier aussieht. Sie sind dann in den Straßen in der Umgebung vor den Häusern gestanden, haben leise geredet und sind dann schnell weiter, wenn dort ein Hund im Garten gebellt hat. Das war auch für die beiden ziemlich neu, und es war ihnen peinlich. Die Leute hinter den Fenstern haben auch nicht gerade freundlich rausgeschaut.

Persönlich verstehe ich diese Dinge ja nicht so sehr. Einerseits wollen sie alle Hunde haben, aber wenn sich die Hunde mal zusammen unterhalten, dann ist es auch nicht recht. Aber das ist ein Kapitel für sich. Was der Mensch so von seinem Hund weiß und wie er ihn versteht.

Nach ein paar Tagen hat sich das neue Leben also ziemlich normalisiert. Noch waren die beiden Zweibeiner den ganzen Tag da und kümmerten sich um die Einrichtung. Mein Korb stand jetzt unten im Erdgeschoss. Die beiden schliefen oben. Wenn ich sie richtig verstand, dann wollten sie, dass ich nun den Wachhund spielen und aufpassen sollte, wenn irgendwas an der Haustür war.

Am dritten Tag habe ich dann Bekanntschaft mit dem Briefträger gemacht. In der Stadt siehst du den nicht, weil er am Haupteingang die Sachen in die Kästen wirft. Hier läuft er aber direkt an die Haustür und klingelt manchmal. Beim ersten Mal hab ich ihn ziemlich angebellt, was ihm aber egal war. „Ja, du bist a ganz Netter, a Dackl, a kloana", ist er mit seiner dunklen, lauten Stimme auf mich los. Aber das klang eher freundlich. Angst hatte er jedenfalls keine vor mir, was mich geärgert hat. Ich glaube, der ist das gewöhnt bei den vielen Hunden, die hier in den Gärten sind.

Als wir abends noch geschäftlich raus und ein Stück die Straße entlanggelaufen sind, hab ich die Nachbarkatze gerochen, und kurz danach sah ich sie drüben am anderen Straßenrand. Sie war schon etwas entspannter, hat nicht gefaucht. Ihre Augen haben wieder geleuchtet. Freundlich war das nicht, aber schon besser als bei der ersten Begegnung.

Das Meer, das gar keines ist

Dass ich Rambo heiße, ist mir, wenn ich ganz ehrlich sein soll, manchmal peinlich. Klar, da wollten sie witzig sein, die beiden Zweibeiner, und mir einen ungewöhnlichen Namen geben, der absichtlich gar nicht zu mir passt. Weil ich kein Riese bin. Aber was kann ich dafür, dass ich nur ein Dackel bin und keine Dänische Dogge? Darüber muss man doch keine Witze machen. Ich mach mich ja auch nicht lustig darüber, dass sie eine Nase haben, aber nichts riechen können. Nun ja, meistens jedenfalls.

Aber wo war ich? Ach ja. In der Stadt war das fast egal. Dort hörte eh keiner dem anderen zu, und einen kleinen Hund nahmen sie nicht wahr. Außer wenn du auf den Bürgersteig gekackt hast. Aber hier bei den Bayern war das anders. Hier waren weniger Leute unterwegs, die sich gegenseitig genau beobachteten, und da fiel jedes ungewöhnliche Wort auf. Wenn mein Zweibeiner „Rambo!" rief, weil ich grad einen interessant riechenden Baum entdeckt hatte, der nach einer jungen Jack-Russell-Tante duftete, dann drehten sich jedes mal Leute um, schauen komisch zu mir und grinsen blöd. Hatten die Bayern nichts anderes zu tun? Sie sollten es besser wie ihre Kinder machen, die immer nur in ihre Handys reinglotzen.

Der erste Sonntag. In unserem Haus standen immer noch viele Pappkartons rum, hingen dicke Bündel von Klamotten über den Möbeln, die noch orientierungslos die Räume füllten. Menschen müssen immer Ordnung haben. Das unterscheidet sie ja auch von uns Hunden. Nicht dass wir Schlamper wären, aber diese komische Angewohnheit, große Kisten aufzustellen und alle Dinge irgendwo fein säuberlich zu deponieren, ist uns fremd. Wir haben auch nicht diese Sammelsucht. Kleidung kennen wir eh nicht. Und dann noch diese vielen Dinge, die sie irgendwo verstecken und nie, wirklich nie verwenden. Das ist so, als ob ich eine besonders feine Wurst irgendwo im Garten vergrabe und sie dann einfach liegen lasse. Vielleicht mal ausgrabe, sie anschaue, aber dann doch nicht esse. Wie blöd ist das denn.

Morgens war es an diesem Sonntag wie immer. Mein Zweibeiner ist mit mir raus um die Ecke zur Wiese. Er sah echt noch gestresst aus.

„Heute brauch ich mal 'ne Auszeit", brabbelte er noch ziemlich verschlafen und grub seine Hände tief in die Trainingsjacke, die er sich schnell übergezogen hatte.

„Liebling, der Kaffee ist fertig", rief die Zweibeinerin aus der Küche, und er bewegte sich ganz monoton in ihre Richtung.

Menschen haben ein ganz merkwürdiges Verhalten, wenn es nach Kaffee riecht. Nicht dass das unangenehm wäre, aber ich mach mir nichts daraus. Doch die Leute sind direkt süchtig danach. Vor allem morgens riecht es überall nach der braunen Brühe.

Nachdem ich mein Geschäft gemacht hatte, gab es Frolic-Geflügel-Sticks zur Belohnung. Sind ja ganz okay, aber eine richtige Mahlzeit sieht anders aus. Und seit der Hundeschule immer die gleichen Kekse und Sticks. Neuerdings sogar als Bio-Kekse. Aber er meinte es ja gut.

Die beiden Zweibeiner waren vom Umzug, vom Kistenschleppen und vom endlosen Einräumen immer noch ziemlich gestresst und haben auch schlecht geschlafen. Ein Erholungstag war angesagt. „Wir machen einen Ausflug", rief sie entzückt und so laut, dass mir die Schlappohren gleich glühten, grinste und fuhr mir mit ihren rot lackierten Fingernägeln, die wie eine Parfümerie am Ku'damm rochen, durch den Pelz. „Da müssen wir zum Chiemsee, zum Bayerischen Meer, wo doch das Wetter heute so toll ist", retournierte er und strahlte mich an. „Das wird dir gefallen!"

Gute Idee, auch wenn dieses Meer doch nur ein See ist. Zu Hause hocken und den anderen beim Möbelpacken zuschauen, das fand ich schon fad. Rumziehen und kucken, wer noch so unterwegs war und wie hier das Leben ausschaute, das interessierte mich jetzt durchaus. Wozu der ganze Stress mit dem Umzug sonst auch gut gewesen wäre?

Die Autofahrt war kurz und überraschend angenehm. Nicht so wie in der Stadt, wo das ewige Bremsen und Losfahren nervt, wo mir auch mal richtig schlecht geworden ist, wenn ich mir vorher den Bauch bis zum Anschlag vollgehauen hab. Wir haben dann geparkt an einer Wiese bei dem großen See, wo eine Horde dieser nervtötenden quäkenden

Enten unterwegs war. Enten mag ich nicht, was aber vor allem daran liegt, dass ich ein lausiger Schwimmer bin. Meine Vorfahren waren ja keine Seeleute, sondern eher im Wald und unter Tage unterwegs. Aber das interessiert die Menschen heute eh nicht. Und Füchse und Dachse jagt heute auch fast keiner mehr.

Wir stiegen also aus dem Auto, und ich lief noch schnell rüber zu einer schönen, breiten Pfütze, bevor sie mich wieder an die blöde Leine hängten.

Das Gras war voller Hundedüfte. Herrlich. Drüben am Strand bellte schon irgendeiner. Das konnte ein guter Ausflug werden.

„Raaambo, bei Fuß!" Oh Mann. Hier war kein Autoverkehr, waren kaum Menschen unterwegs, und trotzdem sollte ich wieder an die Leine. Menschen haben wirklich keine Ahnung, was Hunde wollen. Zuerst machen sie dich heiß, schwärmen vom schönen Ausflug, und dann gibt's wieder Beugehaft.

Und rechts und links roch und bellte es so verführerisch! Ich versuchte es mal bei ihr mit dem Dackelblick. – „Nein, Rambo. Du musst an die Leine. Hier sind zu viele Radfahrer."

Gut. Die Radfahrer waren hier wirklich nervig. Vor allem die mit den dicken Mountainbikes, die glaubten, sie müssten hier am See ein Rennen fahren. Aber zum Glück konnte ich ihren Schweiß schon aus 500 Metern Entfernung riechen. Ein süßer, klebriger und aufdringlicher Duft. So wie manche Menschen eben sind.

Andere rochen wieder ganz anders. So wie der Dicke mit dem Stock. „Ja mei, schau amoi, a echter Dackel", grunzte es hinter mir laut und aufdringlich. Ich drehte mich um und sah einen Koloss in einem grünen Trachtenanzug mit einem Bauch, so groß wie eine Hundehütte, und einer Bierschwade, die mich leicht benebelte. Mit leuchtenden Augen tapste er auf mich zu. „Ja, is der nett. So oan hat mei' Oma aa ghabt", quoll es aus einem breiten Mund.

Ich ging vorsichtshalber in Deckung. Ich wollte nicht auf seinen Armen landen und vollends betrunken werden. Dackel, das hatte ich schon verstanden, die mochten die Bayern hier anscheinend recht gern. Der Dicke grunzte noch etwas, dann stapfte er gemächlich weg von uns.

Langsam begann ich mich hier wohlzufühlen. An die Leute würde ich mich wohl noch etwas gewöhnen müssen, aber das Freizeitangebot schien ganz in Ordnung zu sein. Vor allem war es hier nicht so stressig und laut wie in der Stadt. Schließlich sind wir Dackel echte Naturburschen und das Leben in der Wildnis gewohnt.

Was mir nun noch fehlte, das war die passende Gesellschaft. Unten am Strand haben sie mich frei laufen lassen. Dort roch es überall ziemlich interessant, Muscheln lagen am Ufer, und dann fand ich allerhand Spuren von Hündinnen bei den Sträuchern.

Eine Labradordame habe ich getroffen. Wir schnüffelten ein wenig, dann haute ich sie an, ob sie mit mir am Wasser spielen wolle. Sie drehte den Kopf weg, ging einen Schritt zurück und knurrte. So wie sie mich von oben anschaute, war ich ihr wohl zu klein. Dann trabte sie gelangweilt zum nächsten Baum, schnüffelte am Stamm und verschwand. Eigentlich mag ich Labradore. Die meisten von ihnen sind recht verspielt und geben sich auch mit kleineren Hunden ab. Vor allem mögen sie Wasser total gerne. Die war wohl etwas verzogen.

Hier am See waren ziemlich viele Hunde unterwegs. Eine gute Gegend zum Gassigehen.

Weiter hinten war da diese dicke, sabbernde Englische Bulldogge, der sie einen Strickpulli übergezogen hatten. Weichei!

Die zugehörige Zweibeinerin war eine große Blondine mit einer knallblauen Steppweste, einer riesigen Sonnenbrille und einer Stimme wie eine Feuerwehrsirene. Wie der Herr, so das Gscher, sagten sie doch hier in Bayern?

Ich kenne diese Tussis aus der Stadt. Sie machen auf oberwichtig und reden mit ihren Hunden wie mit Kleinkindern, die sogar für die Sonderschule zu blöd sind. Was ein Hund wirklich will, davon haben sie keine Ahnung.

Ich hab den Kerl mal kurz angebellt. Wollte sehen, wie er reagiert. Er hat kurz zu mir rübergeschaut, dann zu ihr hoch und hat dann seinen dicken Kopf wieder auf den Boden gelegt. Ich glaube, er war frustriert. Hatte keinen zum Spielen, durfte nicht rumlaufen, nur dasitzen und ein wenig Gassi gehen. Im Strickpulli. Das einzige Vergnügen in seinem Leben war Essen. So sah er jedenfalls aus.

Meine Zweibeinerin hatte Hunger, und wir landeten in einem Lokal am Ufer. Beim „Seehaus" waren alle Tische voll, lagen die Leute auf Hängematten und tranken irgendeine Flüssigkeit mit dem komischen Namen Hugo.

Wir fanden einen freien Tisch, und ich legte mich wie immer unter denselbigen. Schräg gegenüber saß die Blondine mit diesem Weichei. Der Hund hatte sich neben sie gelegt und zupfte gelangweilt an seiner Wollweste rum. In Lokalen zu sitzen, turnt mich nicht gerade an. Ich muss still unterm Tisch bleiben. Oben haben sie volle Teller mit Fleisch und fetten Würsten, lachen und schmatzen, und ich krieg nichts. Sie nennen das Hundeerziehung. Am Tisch zu betteln, soll unanständig sein.

Diesmal war es aber etwas lustiger, weil der Kellner ganz merkwürdig redete. „Woswoinsn?", sagte er mit einer tiefen, knarzenden Stimme zu meiner Zweibeinerin, die nur schluckte und verlegen war, weil sie nichts verstanden hatte, sich aber nicht blamieren wollte. Sie bekam einen roten Kopf und sagte schüchtern: „Haben Sie Kaiserschmarrn?"

„Hama", entfuhr es dem Kellner und dann ein knappes: „Nowos?"

„Einen Cappuccino bitte", flötete sie schüchtern und leicht verwirrt.

36

„Oiskloar", raunte der Kellner und schlurfte zum Nachbartisch.

„Hoffentlich sind die hier nicht alle so", sagte sie zu meinem Zweibeiner in einem Ton, der von leichtem Entsetzen getragen war.

„Beruhig dich, Schatz", entgegnete der mit tiefer Stimme, noch tiefer als sonst, um sie auch wirklich zu beruhigen und zu zeigen, dass er alles im Griff habe. „Das meint der nicht so. Die Bayern sind eben ein wenig rustikaler als die Leute in Berlin."

Wenigstens sind die Hunde hier irgendwie entspannter. Wahrscheinlich weil sie mehr Platz haben. Und die Leute sehen auch nicht so aus, als ob sie sich kein Hundefutter leisten könnten.

Andererseits hatte ich schon etwas Mitleid mit ihr. Für mich wär's ja auch nicht lustig, wenn ich plötzlich wo hinziehe, wo nur Chow-Chows und Pekinesen sind. Menschen sind schon viel komplizierter als wir Hunde. Was kümmern uns fremde Rassen, wenn die Größe passt und einen der Duft anmacht.

Die neuen Nachbarn. Kleine und große Hunde, stolze Katzen

Langsam normalisierte sich unser neues Leben. Es standen nicht mehr so viele Kartons im Haus herum. Der Krach der Bohrmaschinen, der mir wirklich extrem auf die Nerven gegangen war, wurde auch weniger. Meine beiden Zweibeiner waren schon deutlich entspannter. Sie schimpften und stritten auch nicht mehr so häufig wie in den ersten Tagen.

Menschen sind, wenn sie streiten, ganz anders als wir Hunde. Sie knurren so gut wie gar nicht. Sie schnaufen und schreien ziemlich merkwürdige Sachen, werden laut und reden dann gar nichts mehr.

Erst ein paar Tage vorher hatte er im Badezimmer eine Kommode zusammengeschraubt, und dann war eine kleine Flasche von ihrem Anti-Aging-Wässerchen auf den Boden gefallen und zersplittert. Gerochen hat es so wie die Frau mit der Bulldogge am See, nur noch süßer und intensiver. Mich hat's geschüttelt, ich hab mich in meinen Korb verzogen.

Sie wurde richtig sauer und hat ihn wüst beschimpft. „Was bist du doch für ein blöder Hund", hat sie durch das ganze Haus geplärrt. Von ihm kam nur ein: „Ich hab's doch nicht mit Absicht getan".

Er hat mir da richtig leidgetan. Ich meine, was denken sich die Menschen eigentlich. Einerseits mögen sie ja uns Hunde, halten uns als Familienmitglieder, füttern und waschen uns, gehen mit uns Gassi. Ich kenne auch Frauen, die knutschen mit ihren Hunden, was mir nicht so gefällt, weil du dann den ganzen fetten Lippenstift auf der Schnauze hast. Und sie nehmen sie mit ins Bett, woran ich mich schon eher gewöhnen könnte.

Aber dann beschimpfen sie sich als blöder Hund. Wieso soll gerade ein Hund besonders blöd sein? Der beste Freund des Menschen, wie sie immer sagen. Das ist unlogisch und unhöflich. Eine Katze ist auch nicht gescheiter. Und ich habe noch kein Meerschweinchen und keinen Hasen gesehen, die besonders intelligent waren. Ich meine, wir kennen unsere Zweibeiner. Ich weiß sofort wenn sie zur Tür reinkommen, ob sie gut oder schlecht gelaunt sind. Ich kenne ihre Gewohnheiten, spüre ihre Stimmungen, merke genau, wann sie Angst haben, und verstehe auch ziemlich genau, was sie sagen. Das soll mir mal ein Wellensittich nachmachen.

So sind sie eben, die Zweibeiner.

Ich hatte in dieser Zeit jedenfalls andere Dinge zu tun, als mir über so was den Kopf zu zerbrechen. Ich musste mich um ein neues Leben kümmern. Schließlich war ich kein Welpe mehr, sondern ziemlich genau drei Jahre alt. Bei den Menschen wäre ich wohl ein junger Mann, der gerade anfängt, sich selbstständig zu machen. Und der sich ein Weibchen sucht.

Und da sind wir beim Thema. Ich musste jetzt checken, was hier so alles unterwegs war. Hunde, das hatte ich bei unserem Ausflug an den See gesehen, gab es in der Gegend wirklich genug. Ich war jetzt relativ viel im Garten draußen und schaute, was so alles am Zaun vorbeilief. Dabei blieb ich eher auf der rechten Seite, damit ich etwas Abstand von der zickigen Nachbarkatze hatte, die ich tagsüber aber kaum sah.

An einem Vormittag habe ich eine erste Bekanntschaft gemacht. Ich war draußen im Garten und habe die dicke Katze von nebenan beobachtet, wie sie auf ihrer Terrasse einen Käfer verfolgt hat. Dann kam einer am Zaun entlang. Hundegeruch und kurze, tapsende Schritte.

Er war kaum größer als ich, hatte ein hell und braun gemustertes kurzhaariges Fell und Ohren, die doppelt so groß waren wie meine. Der hat uns wahrscheinlich schon gehört, als wir in Berlin losgefahren sind.

Er kam ganz langsam mit seinen kurzen Schritten zu unserem Zaun und hat nicht gebellt. Ich bin auf ihn zu, hab seinen Geruch gecheckt. Nicht unsympathisch. Ich hab ihn dann gefragt, ob er von hier ist. Seine Antwort war nur ein kurzes Ja.

Er war wirklich nicht mitteilungsbedürftig. Immer nur kurz Ja oder Nein. Zuerst dachte ich, er interessiert sich nicht für mich. Aber er war einfach ein schläfriger Geselle. Er lief auch genauso. Ich konnte mir beim besten Willen nicht vorstellen, wie der richtig schnell sprinten kann. Dazu war er viel zu behäbig.

Am Ende hab ich ihn noch gefragt, wie es mit Hündinnen hier aussieht und ob da was Interessantes für unsere Größe unterwegs ist.

Seine Antwort war: Ja.

Das war's dann auch.

Er war mit einem kleinen, dicken Mann mit einem Schnauzbart unterwegs, der einen Hut aufhatte und auch ein eher langsamer Typ war. Hunde und ihre Zweibeiner sind sich ja oft recht ähnlich. Der Mann hat den Basset James genannt. Ziemlich vornehmer Name, was aber auch zu seinem gemächlichen Charakter passte. Gut, dass er nicht wusste, wie ich heiße. Er hätte mich garantiert ausgelacht. James hat noch den Gartenzaun nebenan mit ein paar Tropfen markiert und ist nach einem knurrigen Ciao weitergetrabt. Den würde ich wohl noch öfter sehen.

Nach dem Mittagessen kam meine Zweibeinerin zu mir. Sie wollte Gassi gehen, steckte mich an die blöde Leine und eilte mit mir zur Gartentür. Sie arbeitet ja viel zu Hause am Schreibtisch und braucht zwischendurch Bewegung. Gut, wenn man dann einen Hund hat.

Wir gingen rechts an der Straße entlang, und ich konnte endlich mal wieder an den Zäunen rumschnüffeln und den Weg markieren.

Beim Nachbarn rechts roch es auch ziemlich üppig nach Katze, hab aber keine gehört und gesehen. Wobei: Hören tust du die Katzen eh kaum. Nur wenn sie von dir richtig genervt sind und vor allem wenn eine Mutter mit ihrem Nachwuchs unterwegs ist. Da bleibst du besser weg, denn da sind die

Mütter so was von aggressiv, fahren sofort ihre Krallen aus und fauchen wie verrückt.

Wir spazierten dann die Straße weiter bis zu einem kleinen Park, wo sie mich mit der Leine an einer Bank festband und anfing, Gymnastikübungen zu machen. Sie stand da mit breiten Beinen und ließ den Oberkörper kreisen, beugte sich dann ganz nach unten.

Seit dem Umzug hatte sie wieder Rückenprobleme. Wahrscheinlich vom Kistenschleppen. Morgens nach dem Aufstehen gab sie jedenfalls merkwürdige Geräusche von sich, die nach Problemen klangen.

Als sie dann so ihre Übungen machte und ich gelangweilt an der Bank schnüffelte – Bänke riechen wie Mülltonnen, von Leberkäse bis zu Schweiß und Rasierwasser –, hörte ich plötzlich mehrere Schritte. Vom Waldrand her kam ein Mann in einem blauen Trainingsanzug gelaufen. An der Leine hatte er, wie wunderbar, einen Hund. Endlich Gesellschaft.

Der Hund hatte ungefähr meine Konfektionsgröße und sah nicht aus wie ein Hund, sondern wie eine Fledermaus. Es war eine Sie mit hellbraunem Fell, einer weißen Brustpartie und ziemlich großen runden Ohren. Schön ist was anderes, aber irgendwie wirkte sie interessant auf mich, und ich mochte ihren Duft.

Der Typ sah meine Zweibeinerin, und ich roch sofort seine plötzliche Anspannung. Er trabte langsam auf sie zu und bekam einen stechenden Blick.

Sie machte weiter ihre Übungen, stand aufrecht, die Hände an der Hüfte, und kreiste den Kopf herum. Mir würde da ja schlecht werden.

Er war nun keine zwei Meter vor ihr und fing zu reden an. „San Sie nei do?"

Meine Zweibeinerin unterbrach ihre Übungen, schaute den Typen leicht verwirrt an und sagte etwas gestresst: „Wie bitte?"

„Ob Sie nei do san. I hob Eahna no nia gseing."

Sie erwiderte: „Ich kann Sie nicht ganz verstehen. Ich bin nicht von hier."

Da redete er plötzlich ganz anders. „Des hob ich mir schon gedenkt. San Sie gerade da hergezogen an den Chiemsee?"

Ihr Gesichtsausdruck entspannte sich etwas. Die Mundwinkel wanderten dezent nach oben. „Ja. Wir sind eben von Berlin hierher gezogen", sagte sie und lächelte leicht verlegen.

Er stutzte etwas, überlegte ein paar Sekunden und sagte dann: „Sie moanan, Sie und ihr Daggl."

Sie antwortete: „Ja, der auch", und fing wieder an, ihren Kopf kreisen zu lassen. Das war die klare Botschaft: Lass mich jetzt in Ruhe.

Er grinste etwas, musterte sie von oben bis unten und sagte dann mit einem Unterton, den die Menschen als leicht anzüglich bezeichnen würden: „Dann seing mir uns ja boid öfters. De Natascha und Eahna Daggl, de dadn se aa guad vasteh", schmalzte er meine Zweibeinerin an und grinste immer noch.

Aha. Natascha hieß die Gute.

Der Typ zog seine kleine Hundedame an sich und grinste weiter meine Zweibeinerin an, die ziemlich verlegen war. Konnte auch genervt sein. Bei ihr weiß man das nie so genau.

Natascha ließ das kommentarlos über sich ergehen, schenkte mir zwischendurch einen kurzen Blick. Sie hatte sich die ganze Zeit nicht von der Stelle gerührt, weil sie völlig fertig war. Sie keuchte wie ein Bernhardiner beim Dauerlauf, und die Zunge hing bis zum Boden. Ich spürte Mitleid in mir aufsteigen. Oder war es ein Anflug von Zuneigung?

Der Mann war genau einer von der Sorte, die Hunde eigentlich nur als Instrument dabeihaben. Sie haben meist so kleine Fiffis, auf die Frauen stehen, damit sie die dann besser anmachen können. Bei den Bayern hieß das Anbandeln. So viel hatte ich schon mitbekommen. Und das stand auch bei mir auf dem Programm für die nächsten Tage.

Meine Zweibeinerin war irgendwann mit ihrer Gymnastik fertig. Ob ihre roten Backen vom Training oder von dem Typen verursacht waren, konnte ich nicht abschätzen. Auf dem Weg zurück war sie jedenfalls etwas anders. Sie redete nichts, aber in ihrem Kopf hat es gearbeitet. Vielleicht hat das mit der Anti-Aging-Flasche und mit dem blöden Hund zu tun gehabt. Bei den Menschen weiß man das nie.

Wir haben dann noch einen Umweg gemacht Richtung See. Frauen lieben ja das Wasser. Warum das so ist, kann ich irgendwie als männlicher Hund nicht nachvollziehen. Ich finde es schon auch nett, aber so eine Leidenschaft für Strand und Wasserpromenaden, fürs Schwimmen in den Wellen, das ist mir dann doch fremd.

Aber egal. Es führt ein Weg durch das Schilf zurück in den Ort, und dort hatten wir eine unheimliche Begegnung. Einer von diesen verhassten Schäferhunden. Er lief an der Leine mit einem dürren alten Radfahrer, der seine Hose mit einer Wäscheklammer fixiert hatte.

Der Schäferhund erkannte mich, wurde sofort giftig und knurrte laut. Er zog den dünnen Radler hinter sich her und stürmte auf mich zu. Ich war in diesem Moment wie gelähmt und wusste nicht, was ich tun sollte. Abhauen? Mich still stellen? Hinter meiner Zweibeinerin verstecken?

Die hatte das noch gar nicht gecheckt und trabte müde vor sich hin. Ich bellte kurz und laut. Da merkte sie, was los war. Der knurrende Schäferhund kam immer näher. Ich konnte seinen modrigen Geruch riechen und seinen feuchten Atem spüren. Der Radler zog vergeblich an der Leine. Der Hund war stärker.

Es waren noch wenige Meter, da stellte sich meine Zweibeinerin vor mich hin und knurrte den Radler giftig an: „Passen Sie auf Ihren Hund auf!"

Der erschrak etwas, bremste, versuchte mit den Füßen am Boden zu landen, was mit einer kleinen Pirouette fast schiefging. Er warf das Rad in das Schilf, packte die Leine mit zwei Händen und schrie verzweifelt: „Hasso, bei Fuß!"

Wie bitte? Hasso? Was für ein antiquierter Name war das denn. Hasso. So haben die Nazis ihre Schäferhunde genannt. Ich war ein moderner, liberaler Dackel aus der Hauptstadt. Von so einem Faschistenköter wollte ich nicht gebissen werden. Ich will gar nicht gebissen werden und von so einem Monster schon zweimal nicht.

Der dünne Radler zerrte mit vollem Körpereinsatz. Der Schäferhund bellte mich an, knurrte und fauchte. Meine Zweibeinerin hielt mich an ihrem rechten Bein und ging langsam an den beiden vorbei.

Ganz ruhig, dachte ich. Jetzt bloß nicht laufen. Sonst meint der blöde Köter noch, wir haben Angst vor ihm. Gut. Ganz abwegig war das auch nicht. Aber Psychologie ist schließlich ein wichtiger Faktor in der Kriegsführung.

Zu Hause war ich dann einigermaßen entspannt, und auch sie wirkte wieder etwas ruhiger. Ein ziemlich abwechslungsreicher Ausflug war das, und ich bekam langsam ein Gefühl dafür, dass es auch in der bayerischen Provinz ziemlich schräge Gestalten gab. Das Leben war hier wohl doch nicht so langweilig, wie's am Anfang ausgesehen hatte.

Am nächsten Morgen gab es wieder eine Premiere. Wir gingen einkaufen. Wir, das waren meine Zweibeinerdame und ich. Wir fuhren nach Prien am Chiemsee.

Einkaufen ist nicht gerade das, was mir Spaß macht. Zum Rumlaufen gibt es nur wenig, und in die Geschäfte, in denen es gut riecht, da darf ich nicht rein.

Als ich noch ganz jung war, bin ich mal heimlich in eine Metzgerei hineingeschlichen. Ich konnte diesem Duft nach Fleisch und Würstchen einfach nicht widerstehen. Der Metzger hat laut geschrien, und ein paar alte Frauen haben mich mit ihren Handtaschen verscheucht. Eine von den Frauen ist richtig nervös geworden, weil sie ihre Plastiktüte mit dem Gulasch am Boden stehen hat lassen, und da wäre ich locker an die feinen Sachen rangekommen.

Heute bin ich erwachsen und weiß, was geht und was nicht. Beim Metzger versuch ich es erst gar nicht. Aber Imbissbuden zum Beispiel sind für mich auch zugänglich. In Berlin gibt's die an jeder Ecke. Nur hier hab ich noch keine gesehen. Bloß ein paar dieser Döner-Buden, ausrangierte Wohnwagen, in denen es ziemlich heftig riecht und wo ich lieber nichts davon haben will, weil diese orientalischen Gewürze Hunden extrem auf den Magen schlagen. Gewürze sind nicht unsere Sache.

Ich war immerhin froh, dass ich mal rauskam und etwas von unserer neuen Heimat entdecken konnte. Wir fuhren ein paar Minuten mit dem Auto, einige Kurven und Kreuzungen, bis wir am Ziel waren. Beim Bahnhof parkten wir und gingen an einer Bäckerei vorbei. Es roch nach Kaffee und Kuchen, und da durften auch Hunde rein. Ich sah einen West-Highland-Terrier, der unter einem Tisch schlief, während oben zwei ziemlich elegante Damen an Kaffeetassen nippten.

Meine Zweibeinerin hetzte über die Straße und zog mich zu einem Gemüseladen auf der anderen Seite. Mit Gurken und Salat kann ich wenig anfangen. Manchmal kaue ich etwas Gras auf einer Wiese, wenn wir unterwegs sind. Aber sonst halten sich meine vegetarischen Leidenschaften in Grenzen. Gut, dass meine Zweibeiner da auch ziemlich normal sind.

Ich wartete draußen vor dem Gemüseladen, bis sie mit zwei Papiertüten voll Tomaten und Zucchini rauskam. Danach gingen wir über den Platz, auf dem gottlob keine Autos waren, in Richtung einer Bäckerei. Aber wir kamen nicht weit.

Da stand sie auf der linken Seite vor einem Schaufenster. Sie sah mich nicht, aber ich konnte sie riechen. Es war genau ihr Duft. Es war Natascha, die Hundedame vom Park. Während ich noch nachdachte, wie der Name dieser Rasse lautet, erkannte sie mich, schaute zaghaft rüber und wendete dann schüchtern den Blick wieder ab.

Jetzt fiel es mir ein, die Rasse hieß Französische Bulldogge. Das klang vielleicht nicht besonders erotisch. Aber was gingen mich Rassennamen an, die sich die Zweibeiner ausgedacht hatten?

Dann schaute sie nochmals kurz zu mir.

Ganz klar. Sie war nicht abgeneigt, und ich überlegte, wie ich mit ihr Kontakt aufnehmen konnte. Das Problem war nur: Am anderen Ende der Leine war meine Zweibeinerin, und die hatte ganz andere Dinge vor und keine Ahnung von meinen Avancen. Ich zog etwas an der Leine und schenkte ihr einen lieben Dackelblick.

Sie stöhnte: „Was ist denn jetzt schon wieder?"

Klar, sie hatte verstanden, was ich von ihr wollte, und sah dann auch schon Natascha drüben stehen.

„Ah ja", raunte sie mit tiefer, fast unweiblicher Stimme.

Los, lass mich endlich zu ihr! Ich hab mir gestern auch den Typen im Park anhören müssen. Es war aber gar nicht der aufdringliche Jogger, der mit Natascha unterwegs war. Neben ihr stand eine kleine, dunkelhaarige Frau, etwas untersetzt, mit Leggings und hohen Lederstiefeln. Wenn ich sie mit meiner Zweibeinerin verglich, die groß, blond und schlank ist wie ein Fotomodell, konnte ich den Typen dann schon wieder verstehen. Menschen haben da ganz eigene Auswahlkriterien, was Hunde nicht immer nachvollziehen können. Aber diesmal war das nicht so schwer.

Die Frau hatte ihr Handy am Ohr, war also abgelenkt, was ich ganz praktisch fand. Ich schlich mich an Natascha heran, war erst mal still und schnüffelte ein wenig an ihr, um Interesse zu bekunden.

Sie ließ mich ein paar Sekunden schnüffeln und zog mir dann ihre Hinterpartie von der Nase weg.

Nun gut, das waren so die anfänglichen Spielereien. Sie musste sich ja begehrenswert machen. Als ob ich nicht klar zum Ausdruck gebracht hätte, dass ich sie begehrte. Ich gab ihr zu verstehen, dass sie mir gefällt und dass ich sie gerne wiedersehen würde. Sie schaute mir in die Augen und schnüffelte an mir.

Das hätte nun noch das eine oder andere Stündchen weitergehen können. Aber die dicke Dunkelhaarige war mit dem Telefonieren fertig und sagte mit fiepsiger Stimme: „Natascha, komm hierher." Dann zog sie grob an der Leine, und Natascha schenkte mir noch einen letzten tiefen Blick.

Ich bellte sie sanftmütig an, wedelte wie verrückt mit dem Schwanz, dass sogar meine Zweibeinerin die Augen verdrehte. „Rambo, was ist denn mit dir los!"

Was wohl, dachte ich und folgte ihr widerwillig in Richtung Bäckerei.

Danach passierte auch nicht mehr viel. Bei der letzten Station im Supermarkt musste ich im Auto warten.

Zu Hause angekommen, sah ich die dicke Nachbarkatze in der Hecke sitzen. Spontan überlegte ich, ob ich rüberlaufen und sie verjagen sollte. Aber an diesem Nachmittag war ich dazu viel zu gut gelaunt.

Hunde sind wie Menschen, nur anders

Nach so einem Umzug in eine ganz andere Welt musst du dein Leben irgendwie neu ordnen und wiederfinden. Als Mensch zumindest. Ich als Hund hab es da leichter, denn alle Dinge, die irgendwie damit zusammenhängen und kompliziert sein können oder vielleicht nicht funktionieren, um die kümmern sich die Zweibeiner.

Als junger Dackel hab ich da einige Zeit gebraucht, um das zu kapieren. Aber langsam fühle ich mich wohl dabei und genieße es.

Ich muss nicht nach Futter jagen wie die blöde Katze von nebenan. Obwohl die auch jeden Tag eine Schüssel auf die Terrasse gestellt bekommt und trotzdem die halbe Nacht Mäuse jagt. Ich würde ihr ja das, was in der Schüssel ist, gerne wegfressen, so rein aus nachbarschaftlicher Boshaftigkeit, aber den Sheba-Brei mag ich nicht.

Wie gesagt, um die schwierigen Dinge kümmern sich meine beiden gestressten Zweibeiner. Ich hab eigentlich viel Freizeit, und genau das kann zum Problem werden, denn mir fehlt da ein wenig die Ansprache. Die Zweibeinerin ist ja tagsüber da, aber mit ihrer Arbeit am Schreibtisch wenig ansprechbar. Nur wenn sie zum Joggen geht und mich mitnimmt, was sie aber nicht immer tut, weil ich mit meinen kurzen Beinen relativ bald schlapp mache.

Kurz nach dem Umzug war sie aber außer Form, und meine Chancen auf Ausflüge ins Grüne standen gut. Was mir auch insofern recht war, als ich meinen Kontakt zu Natascha ausbauen wollte.

Damit sind wir wieder beim Thema. Mein Leben brauchte einen neuen Sinn, und dazu gehörten junge fesche Hundedamen, die nicht gerade im XXL-Format unterwegs und auch für einen kurzbeinigen Lover wie mich vermittelbar sind.

Für uns Hunde ist das ein verdammt schwieriges Geschäft, weil wir wieder von den Zweibeinern abhängig sind. Die tun sich leichter. Sie laden einfach Leute ein. Wenn ich das machen würde, wäre hier der Teufel los.

Meine Zweibeiner brauchten auch Freunde, und deshalb veranstalteten sie eine House-Warming-Party. Er hatte ein paar Flaschen Wein besorgt. Sie hatte bei der Pizzeria jede Menge Antipasti bestellt und eigenhändig Tiramisu gebacken, was für mich wie Schokolade mit Schnaps roch, aber irgendwie keine schlechte Kombination zu sein schien. Probiert hatte ich es bislang noch nicht, aber ich war neugierig.

Der Tag der Einladung fing etwas nervös an. Sie hatten das Wohnzimmer umgeräumt, und ich hatte schon einen Schock bekommen, dass sie schon wieder umziehen wollen. Es hätte ja sein können, dass es ihnen hier zu ruhig oder zu bayerisch war. Sie hatten den Klapptisch aufgestellt, Stühle dazupostiert und glitzernde Sachen an die Gardinen gehängt. Die Zweibeinerin hatte in der Küche mit dem Tiramisu gekämpft, was eine ziemliche Schlacht wurde, denn

Kochen ist nicht gerade ihre größte Leidenschaft. Ich hab mich dann irgendwann in den Garten verzogen und gewartet, bis James, der Basset, vorbeikam. Es hat nicht lange gedauert, dann hab ich seine langsamen, tapsigen Schritte gehört. Er bog um die Ecke, und ich habe meine Schnauze durch den Zaun gesteckt. Aber er hat mich schon längst gerochen und kam auf mich zu.

„Hey, James", hab ich ihn begrüßt.

„Hey", kam es kurz wie üblich zurück.

Mir war langweilig, und ich wollte mit ihm plaudern. Er war ein ungewöhnlich gemütlicher Hund, so ruhig und entspannt. Einer, mit dem du überhaupt nicht streiten kannst. Ein Typ zum Chillen.

Plötzlich wurde er gesprächig. „Bei euch riecht es heute ganz anders. Und ziemlich gut."

Ich antwortete ganz ehrlich und aufrichtig: „Meine Zweibeiner haben Menschen eingeladen und essen italienisch. Magst du Italienisch?"

„Krieg ich selten. Die Tochter meiner Zweibeiner wirft mir nach dem Essen manchmal Schinken und Mortadella zu. Echt lecker." So eine Tochter wäre auch bei uns praktisch, dachte ich.

„Weißt du, was das Beste ist? Das ist Parmesankäse. Aber nicht der gemahlene, sondern der feste", verriet ich ihm, „der gemahlene hängt mir immer zwischen den Zähnen. Aber den festen musst du probieren."

James grummelte nur. Ich sah durch den Zaun, wie ihm der Sabber an der Seite runtertropfte. Er brabbelte kurz mit seiner tiefen Stimme. Sein Zweibeiner zog schon etwas an der Leine.

„Mir ist langweilig", rief ich ihm noch zu, „was soll ich tun?"

„Buddle dir ein Loch unter den Zaun und komm rüber. Bring aber Käse mit", kam als Antwort.

James tippelte wie in Zeitlupe weiter am Zaun entlang Richtung Park. Ich stand auf der anderen Zaunseite und wurde nachdenklich. Der Käse, der Zaun, der Ausflug. Wie schön wär doch so ein Abenteuer. Ich drehte mich um, schaute zur Terrasse und zur offenen Glastür.

„Liebling, bring mir bitte sofort den Nusslikör", hörte ich eine hohe, schrille und etwas hysterische Stimme. Konnte es sein, dass sie sich einen ansaufen wollte? Die Stimme klang danach.

Es war mir zu hektisch drinnen. Ich wartete noch etwas, bis die Antipasti auf den Tisch kamen. Mein Magen knurrte jetzt schon, und ich wollte mir die Zeit mit der Nachbarkatze vertreiben. Also schlich ich mich nach links an den Zaun, suchte das Gelände ab und hielt mich ganz still. Ein paar Minuten dauerte es, dann kam sie. Mit leisen Pfoten schlich sie über den kurz geschorenen Rasen, schaute nicht rechts und nicht links. Ich legte mich ganz flach auf den Boden wie auf der Lauer und wartete ab. Sie war noch zwei bis drei Meter weg und hatte mich immer noch nicht bemerkt. Mein Jagdfieber stieg spürbar, und ich wurde richtig nervös und ein wenig aggressiv. Sie stakste wie eine Primadonna über den Rasen und kam immer näher. Es erschien mir wie Zeitlupe, und ich bereitete mich auf den Angriff vor.

Und jetzt: „Rrrroaaaahhhrr!!" Und dazu ein Stakkato mit Hundegebell, möglichst laut und tief wie eine cholerische Dogge.

Die Tussi machte einen Sprung senkrecht nach oben, jaulte wie ein kaputter Rasenmäher, landete am Boden und fauchte hysterisch. Erst jetzt sah sie mich, fletschte die Zähne, fauchte mich an und drehte sich weg. Ziemlich geduckt schlich sie über den Rasen zur Terrasse. Sie hatte wirklich die Nase voll. Ich hätte mich schlapp lachen können. Die Katze drehte sich auf der Terrasse noch einmal zu mir und fauchte wieder in meine Richtung.

Es schien, ich hatte eine neue Freundin gewonnen. Hahaha. In Zukunft würde ich in der Nähe des Zauns aufpassen müssen. Die Tussi würde sich garantiert rächen wollen.

Ich spazierte ziemlich zufrieden zurück zum Haus und schaute erst mal, wie die Lage bei den Zweibeinern war. Die Tür stand noch offen, und ich hörte Geschirr klappern. Mein Zweibeiner hing gerade etwas verdreht an einer Weinflasche und zog den Korken langsam, aber mit schmerzverzerrtem Gesicht heraus. Sie kam hektisch aus der Küche mit einem großen Tablett in der Hand. Sie wirkte angespannt.

„Das Tiramisu muss jetzt kühlen. Wo kann ich es denn hinstellen?", rief sie ihm mit ihrer ungeduldigen hohen Stimme zu.

„Ich würde es oben auf dem Balkon abstellen. Da ist's nicht im Weg und kann schön abkühlen", kam von ihm zurück. Er nippte danach an einem Weinglas, dann noch mal, und dann nahm er einen großen Schluck, drehte sich dabei aber so hin, dass sie ihn nicht sehen konnte.

Ich kannte diese Spielchen noch aus Berlin, und es amüsierte mich, wie jeder seine kleinen Macken vor dem anderen verstecken wollte. Typisch Zweibeiner.

Das Tiramisu jedenfalls roch echt lecker, und ich überlegte, wie ich auch ein Stück von dem Happen bekommen könnte. Am Tisch würden sie mir nichts geben. Schon gar nicht, wenn Besuch da war. Gut erzogene Hunde und kultivierte Zweibeiner füttern nicht am Esstisch. Das gehört sich nicht.

Ich hab aber schon etliche Zweibeiner gesehen, die das machen. Du musst sie nur lange traurig anschauen und ihnen genau in die Augen blicken. Nur meine beiden Zweibeiner sind da immun. Ich würde mir was anders einfallen lassen müssen.

Zwischenzeitlich klingelte es an der Tür, und die Zweibeinerin fiel halb in Ohnmacht. „Oh Gott. Sie kommen schon", röchelte sie. Das Tiramisu hatte sie vorher oben abgestellt, was ich persönlich für eine gute Idee hielt.

Zwei Paare standen im Flur mit Blumen in der Hand und umarmten und küssten meine beiden Mitbewohner.

Blumen! Was bitte schön soll man mit Blumen als Geschenk anfangen?

Das ist das Überflüssigste, das man sich als Hund vorstellen kann. Manchmal finde ich das Verhalten der Menschen ziemlich albern. Sie stellen die Blumen ins Wasser, und irgendwann werfen sie sie in den Mülleimer. Haben sie was davon gehabt? Was zu essen oder trinken? Haben sie damit spielen können? Fehlanzeige. Menschen sind, ich sag das immer wieder, manchmal so unglaublich unpraktisch.

Die Zweibeiner standen immer noch im Wohnzimmer, tranken Wein aus schlanken Gläsern und redeten ziemlich durcheinander. Ich hörte Schritte an der Straße und schlich mich von der Terrasse hinüber zum Zaun. Den Geruch erkannte ich sofort, und er machte mich ganz unruhig. Natascha war unterwegs, und sie kam am Zaun entlang genau zu mir.

Ich sprang hastig an den Zaun, steckte die Schnauze durch eine Öffnung und wartete auf sie. Da war sie. Die dicke Frau war heute mit ihr unterwegs, und die ging gottlob ganz gemütlich und lief nicht wie der Don Juan im Trainingsanzug.

Natascha kam zu mir. Ich bellte ihr freudig entgegen. „Schön, dich zu sehen."

„Ich freu mich auch", antwortete sie.

„Heute ist hier viel los, und ich würde lieber mit dir zum Park rüberlaufen, geht aber nicht."

Sie verdrehte den Kopf etwas und schaute mir in die Augen. Ich schmolz dahin.

Und dann plötzlich diese schneidende Stimme: „Komm jetzt endlich, du Schnecke." Die Dicke zerrte an der Leine und zog Natascha weg von mir.

Natascha drehte sich im Weglaufen zu mir zurück und fiepte laut. Ich bellte leidenschaftlich. Die herzlose Dicke ignorierte das alles und zerrte weiter an der Leine. Wie konnte jemand nur so hart sein.

Ich schlurfte enttäuscht zurück zur Terrasse. Einerseits freute ich mich, dass die Hundedame meine Gefühle erwiderte. Andererseits ärgerte es mich, dass ich einfach so machtlos war. Ein großer Hund konnte jetzt über den Zaun springen und den leidenschaftlichen Liebhaber spielen. Als kleiner Dackel hast du da so große Chancen wie eine Schnecke, die auf die andere Seite der Autobahn will.

Ich spürte, wie Aggressionen in mir hochstiegen. Irgendetwas musste geschehen. Ich brauchte noch eine Entschädigung für diese Schmach. Den Kopf voller wirrer Gedanken, schlich ich ins Haus. Auf der Terrasse saßen jetzt die Zweibeiner und aßen italienische Antipasti, die ziemlich heftig rochen. Basilikum mag ich weniger, den ätzenden Balsamico schon gar nicht, aber der Schinken roch fein. Das wär jetzt was, dachte ich mir.

Ich lief durch das Wohnzimmer in den Flur. Dort stieg mir der Geruch des Tiramisu in die Nase, und das bekam mir gar nicht schlecht. Der süße Duft von Schokolade und Nuss. Eine ganze Platte, die jetzt einsam am Balkon stand und um die sich niemand kümmerte.

Ich meine, da unten saßen sie und tranken ein Glas Wein nach dem anderen. Vielleicht vergaßen sie auch vor lauter Plaudereien den Nachtisch? Gut möglich. Es konnte ja nicht schaden, wenn ich mal die Lage peilte.

Langsam schlich ich Stufe für Stufe die Treppe hinauf und spürte, wie der Duft immer intensiver wurde. Ich bog oben rechts um die Ecke, vorbei an der Kommode hinein ins Schlafzimmer, zur Tür Richtung Balkon. Unten hörte ich die gackernden Stimmen der Zweibeiner. Die waren gut beschäftigt. Eigentlich sollten sie ja abnehmen, und da war Tiramisu genau das Verkehrte.

Das silberne Tablett schimmerte im Licht der Abendsonne. Ich stand nun an der Balkonbrüstung und sah das Tablett genau einen Meter über mir. Eigentlich unerreichbar, aber da stand neben mir der Klappsessel, den die Zweibeinerin immer zum Sonnenbad benützte. Das konnte doch funktionieren. Ich schlich um den Klappsessel und überlegte, wie ich da am besten raufkäme. Das konnte nun nicht schwer sein. Dackel sind nicht hoch, aber lang. Wenn ich mich auf die Hinterläufe stellte, könnte ich über die Kante hochsteigen und auf die Sitzfläche kommen. Und dann war ich den süßen Leckereien schon ziemlich nahe.

Ich war jetzt voll konzentriert und hatte die Stimmen unten schon längst verdrängt. Es war wie ein Tunnelblick. Es gab nur noch mich und das Tablett. Ich schlich noch einmal um den Sessel und versuchte es mal direkt von vorne. Dazu stellte ich mich auf die Hinterbeine, streckte mich nach oben und setzte die Vorderpfoten auf die Sitzfläche. Das war einfach.

Aber wie bekam ich die Hinterläufe nun nach oben? Ich krallte mich mit den Vorderpfoten im Stoff fest und zog mich nach oben. Das rechte Hinterbein baumelte in der Luft. Nur das linke Bein bekam ich nicht hoch. Ich musste es mit Schwung machen. Also noch einmal. Ich stellte mich auf die Hinterbeine, duckte mich nach unten und machte einen Satz, dass ich oben auf dem Bauch landete und mich mit den Vorderpfoten wie ein Kraulschwimmer am Stoff hocharbeitete. Da kratze ich einige Fäden raus, was mir im Moment völlig egal war. Aber ich war plötzlich oben, zog die Hinterbeine nach und saß schon dort, wo ich hinwollte.

Das erste Ziel war erreicht. Ich saß aufrecht auf dem Sessel. Das Tablett mit dem Tiramisu war ungefähr auf Höhe meiner Schnauze, aber einen halben Meter Luftlinie entfernt. Allein mit der Pfote kam ich da nicht hin. Da brauchte es etwas Akrobatik, damit ich etwas von dem Nachtisch bekäme. Wie schön wäre es jetzt, wenn Natascha hier wäre und wir zusammen naschen könnten. Ich würde ihr das natürlich vom Tablett holen.

Mit winzigen Schritten näherte ich mich der äußersten Kante des Sessels, wo ich dem Tiramisu am nächsten war. Mein Plan war, dass ich im Sprung mit der rechten Pfote ein Stück von dem feinen Kuchen mitnehme und dann unten am Boden fresse. Anders ging das nicht. Das *konnte* nicht nur klappen. Das *musste* klappen. Ein paar Mal übte ich den Absprung, ging etwas in die Knie und dann schnellte ich hoch. Aber ich sprang noch nicht. Springen und sofort mit der Pfote wie mit einem Löffel ausholen, das ist für mich eine etwas ungewohnte Bewegung. Aber manchmal musst du als Dackel über deinen Schatten springen.

Ich übte noch einmal und noch einmal, und dann fasste ich meinen ganzen Mut, sprang ab, zielte mit der Pfote aufs Tablett, erwischte es auch. Aber nicht im süßen Teig, sondern an der harten Kante. Während ich nach unten segelte und auf dem Balkonboden landete, schwappte das Tablett über den Balkonrand und setzte zum Sturzflug auf die Terrasse an. Sekundenbruchteile später hörte ich ein lautes Klirren, ein dumpfes Schwappen und wilde Schreie. „Scheiße. Was ist das denn?" Und dann: „Oh Gott, wie sieht mein Kleid aus." Es war mehr ein Kreischen als ein Schreien. Mein Zweibeiner plärrte verzweifelt: „Verdammter Mist. Das ist unser Nachtisch." Dann war es plötzlich still.

Ich lag am Boden und spürte Schmerzen in meiner linken Vorderpfote. Das war nun ziemlich danebengegangen. Bevor einer von ihnen raufkam und mich entdeckte, verzog ich mich lieber. Ich humpelte durch das Schlafzimmer und verkroch mich unter dem Schreibtisch im Arbeitszimmer der Zweibeinerin.

Während ich auf dem Boden lag, sah ich durch die halb geöffnete Tür, wie mein Zweibeiner die Treppe hochkam und ins Schlafzimmer eilte, um die Lage zu peilen. Er sah mich zum Glück nicht, und ich schloss vorsichtshalber die Augen und stellte mich schlafend.

Er ging wieder runter und sagte unten zur Zweibeinerin: „Wahrscheinlich hast du es zu nahe an den Rand gestellt."

„Unmöglich", erwiderte sie etwas empört, „das war bestimmt der Wind, der vom See rüberzieht."

Ich merkte, wie ich deutlich entspannte und wieder Zufriedenheit in mir spürte. Das Leben in Bayern war eben etwas anders als in der Hauptstadt. Ich legte den Kopf auf den Boden und träumte von Natascha. So schlecht war dieser Tag nun auch wieder nicht gelaufen.

Formalitäten mit Folgen

Zweibeiner und Hunde leben ja schon eine ganze Weile zusammen und haben sich mit der Zeit ziemlich angenähert. Die Zweibeiner entwickelten recht tierische Gewohnheiten, und wir Hunde haben uns ebenfalls an menschliche Gepflogenheiten angepasst, sind stubenrein geworden, überwiegend zumindest, gehen zum Friseur, zum Doktor, zum Physiotherapeuten und machen einige andere Dinge, von denen unsere Vorfahren noch nicht mal geträumt haben.

Nach unserem Umzug in die bayerische Provinz hatten meine Zweibeiner und ich ein gemeinsames Problem. Wir kannten hier so gut wie niemanden. Das könnte man nun dem Zufall überlassen. Aber das ist nicht die Art der Zweibeiner. Die gehen systematisch vor, arbeitsmäßig, und planen das genau. Wir Hunde, das wird euch nicht überraschen, tun das nicht. Wir sind da gewohnheitsmäßig spontan. Normalerweise. Aber als Einzelhund von Zweibeinern bist du mitgefangen.

Was haben also die Zweibeiner nach der House-Warming-Party als Nächstes gemacht? Sie haben sich bei unseren direkten Nachbarn rechts und links zum Antrittsbesuch angemeldet. Auf der Party waren weder die einen noch die anderen vertreten gewesen, warum auch immer.

Im Prinzip hätte mir das alles ziemlich egal sein können. Aber ich musste mit, und das gefiel mir gar nicht, denn ich wusste, dass überall eigenartige Miezen lauerten. Und mit denen Shakehands zu machen, schien mir keine anregende Vorstellung.

An einem schönen, warmen Sommerabend war es dann so weit. Meine beiden Zweibeiner haben sich zum Feierabend nicht futtertechnisch hingesetzt, dann leger umgezogen und auf dem Sofa breitgemacht. Sie haben sich schön geduscht, feine Klamotten ausgewählt, eine Flasche in buntes Papier gewickelt und zwischendurch mich gebürstet, was mich vollends nervt. Bei der Vorstellung, nun frisch gekämmt den Katzenviechern meine höfliche Aufwartung zu machen und zu denen nett zu sein, war für mich der Abend ohnehin schon gelaufen.

Wir wackelten dann gemeinsam aus dem Haus hinaus, durch die Gartentür und die paar Meter hinüber zu den Nachbarn rechts, von denen ich noch wenig wusste. Sie klingelten, ich hörte kurze, schnelle Schritte, dann knarzte es an der Tür, die sich langsam öffnete. Eine ältere Zweibeinerin mit grauen Locken stand vor uns, die meinem Zweibeiner ins Gesicht schaute, dann auch der Zweibeinerin und schließlich mit einer hellen Stimme summte: „Sie müssen die neuen Nachbarn sein. Willkommen in Bayern." Dabei klang sie gar nicht bayerisch. Aber egal. Mich hat sie gar nicht gesehen.

Meine Zweibeiner schlichen langsam in den dunklen Hausflur, in dem es muffig roch. Die ältere Frau stand an der Mauer, streckte ihre Hand aus und sagte: „Bitte kommen Sie ins Wohnzimmer." Ich dachte, dass das auch für mich galt, und folgte meinen Zweibeinern über den dicken Teppich. Die beiden stockten. Ich spürte, dass ihnen der Besuch nicht ganz geheuer war. Meine Zweibeinerin verzog etwas das Gesicht und warf ihm vorwurfsvolle Blicke zu. Er zuckte mit den Schultern, was er bei solchen Gelegenheiten immer tat. Ich stand nun ratlos hinter ihnen. Da spürte ich einen stechenden Schmerz an der rechten Hinterpfote, drehte mich schnell um und stellte fest, dass ein Fuß der älteren Zweibeinerin, der direkt auf meiner Pfote stand, den Schmerz verursachte. Ich zog das Bein schnell zurück und jaulte laut auf. Die Zweibeinerin hatte mich immer noch nicht gesehen und erschrak, wankte und fiel gegen eine alte Kommode, die hinter ihr stand. Sie klammerte sich reflexartig an eine Vase, die aber keinen Halt bot und mit einem lauten Krachen auf den Boden flog. Das tat auch die Zweibeinerin, die recht unsanft auf ihrem Gesäß landete und dabei laut röchelte. Das Ganze dauerte vielleicht eine Sekunde, und meine beiden Zweibeiner standen wie gelähmt im Türstock zum Wohnzimmer. Die ältere Zweibeinerin lag auf dem Rücken, streckte ihre dünnen Beine, die in grauen Nylonstrümpfen steckten, in die Luft und röchelte immer noch.

Nach einer weiteren Schrecksekunde zuckte mein Zweibeiner, beugte sich zu der Gefallenen und schnappte: „Kann ich Ihnen helfen? Haben Sie sich wehgetan?" Zwei Fragen auf einmal waren eindeutig zu viel für sie. Sie lag da, krümmte sich leicht und streckte ihm eine Hand entgegen. Er nahm sie, zog sie leicht hoch, legte den anderen Arm um ihren Rücken und hob sie hoch. „Tut es weh?", fragte er noch einmal sorgenvoll.

„Alles in Ordnung. Nur die Vase, um die ist es schade", seufzte sie, klang aber wieder deutlich normaler. „Ich wusste nicht, dass Sie einen Hund haben", kam dann von ihr.

„Das ist unser Dackel Rambo. Ein ganz ein Lieber", flötete meine Zweibeinerin mit eindeutiger Wiedergutmachungsabsicht.

Die ältere Zweibeinerin beugte sich zu mir, streichelte mir über die Stirn und sagte: „Du kannst ja nichts dafür, dass ich dich übersehen habe." Da hatte sie wohl recht, und wir gingen nun alle ziemlich vorsichtig ins Wohnzimmer, wo auf dem Tisch Gläser und eine gelbe Flasche standen. Sie setzten sich auf die Sessel, die ziemlich dick waren und alt rochen. Die Gastgeberin nahm auf dem Sofa Platz, legte ihre Hände auf den Schoß und sagte dann ernst: „Haben Sie sich schon eingelebt?" Dann schraubte sie den Deckel von der gelben Flasche und goss eine dicke gelbe Flüssigkeit in die kleinen Gläser. „Eierlikör", flötete sie, „das ist meine geheime Leidenschaft." Mein Zweibeiner runzelte die Stirn.

Ich legte mich neben dem Tisch auf den Teppich und achtete darauf, dass mich die ältere Zweibeinerin auch gut sehen konnte. Die drei fingen dann an, ganz artig vom Eierlikör zu nippen und brave

Geschichten zu erzählen. Meine Zweibeinerin redete von unserem Umzug und davon, wie schön es hier am Chiemsee doch sei. Die Gastgeberin nickte und legte ihre Hand wohlwollend auf das Knie meiner Zweibeinerin.

Mir war langweilig. Der süße Geruch des Eierlikörs benebelte mich. Trotzdem hatte ich etwas Katzenartiges in der Nase. Ich schnüffelte und konzentrierte mich auf die Gerüche. In der Zwischenzeit hatte die ältere Zweibeinerin schon ein paarmal nachgeschenkt, und die Gespräche wurden lebhafter. Ich stand ganz langsam auf und machte ein paar vorsichtige Schritte in Richtung Tür, was von den Zweibeinern keiner bemerkte. Das motivierte mich. Also schlich ich weiter in den Flur und überlegte, welche Richtung ich nehmen sollte. Der Katzengeruch wurde intensiver. Ich drehte mich zur Küche, blickte vorsichtig durch die offene Tür und sah ganz hinten einen Korb, in dem etwas Fellartiges lag. Ich lief langsam näher und erkannte eine Katze, die sich aber nicht rührte. Sie lag da und schlief.

Ich kam ganz vorsichtig näher, dass ihre Fellhaare fast meine Schnauze berührten. Sie schnaufte langsam und gleichmäßig und hatte mich immer noch nicht wahrgenommen. Ich bückte mich nach vorne und tapste mit der Pfote auf ihr Fell. Da riss sie die Augen auf, sah mich an und erschrak. Sie zuckte und jaulte auf. Es war ein heiseres Jaulen, das ziemlich alt klang. Sie schaute mich mit müden Augen an, fixierte mich kurz, sodass ich etwas nervös wurde und die Muskeln anspannte. Dann schloss sie wieder die Augen, legte den Kopf nieder und schlief weiter.

Ich war sprachlos und ratlos. Eine Katze, der ich so egal war, das hatte ich bis dahin noch nicht erlebt. Ich versuchte, sie anzusprechen: „Hey, Katze. Was ist los? Hast du keine Angst vor mir? Ich bin doch ein Hund. Zeig mal, was du kannst." Wieder keine Reaktion. Sie schlief einfach weiter. Ich war konsterniert. Lag das an mir oder an der Katze, dass die so völlig apathisch war?

In der Zwischenzeit hörte ich Schritte hinter mir auf dem Küchenboden. Die ältere Zweibeinerin stand plötzlich hinter mir. „Das ist meine Mizzi. Die kann nicht mehr spielen. Die ist schon eine sehr alte Dame."

Ich war erleichtert. Der Gedanke, dass eine stinknormale Katze vor mir keine Angst haben könnte, beunruhigte mich sehr. Ich stand ratlos in der Küche, und Mizzi schlief einfach weiter. Da kommst du dir als Hund schon ziemlich blöd vor. Ich drehte mich langsam um und achtete darauf, dass mich die Zweibeinerin nicht wieder mit dem Fuß traf. Gemächlich lief ich zurück ins Wohnzimmer, wo meine beiden Zweibeiner gerade Eierlikör nachschenkten und kicherten. Die ältere Zweibeinerin folgte mir im Sicherheitsabstand. Sie hatte den Sturz noch nicht vergessen und vertrug den Eierlikör offensichtlich auch besser.

„Meine Mizzi", fing sie an zu erzählen, „ist jetzt schon 15 Jahre alt, und da ist man nicht mehr so schnell auf den Beinen." Meine Zweibeiner schauten sie fragend an. „Mizzi", fuhr sie fort, „ist meine Katze. Ich habe sie damals von dem Bauern bekommen, bei dem ich immer Eier gekauft habe." Nun folgte Mizzis Lebensgeschichte in ausführlicher Form. Sie interessierte meine Zweibeiner genauso wenig wie mich. Aber sie waren immerhin bereits gut abgelenkt. Als unsere Nachbarin etwa bei Mizzis achtem Lebensjahr war, standen sie vorsichtig auf, zupften ihre Kleider zurecht und schüttelten der Gastgeberin brav die Hand. „Vielen Dank. Es war ein wunderschöner Abend, aber wir müssen morgen früh raus", säuselten sie süßlich. Ich musste mich schütteln bei so viel Scheinheiligkeit.

Die beiden gingen leicht wacklig und nicht immer in direkter Linie zum Flur und weiter in Richtung Haustür. Die ältere Zweibeinerin folgte ihnen, schüttelte ihnen die Hände und meinte kurz: „Dann auf eine gute Nachbarschaft." Meine Zweibeinerin erwiderte den Gruß, bedankte sich noch einmal und meinte dann: „Wir werden uns bestimmt gut vertragen."

Zu Hause meinte mein Zweibeiner dann, als er in den Flur blickte: „Oh je. Wir wollten ihr doch die Flasche Prosecco schenken. Die hab ich glatt auf der Garderobe stehen lassen." Die Zweibeinerin lachte, verdrehte die Augen und sagte dann: „Pech gehabt. Ich mach jetzt einen auf Mizzi" und ließ sich auf das Sofa plumpsen.

Der Ausflug war, wie angedeutet, nicht der letzte dieser Art. Nach dem Nachbarhaus rechts war das Nachbarhaus links an der Reihe. Da hatte ich kein gutes Gefühl, denn die dicke Katze aus dem Haus hatte ich ja schon kennengelernt, auch wenn das meine Zweibeiner nicht wirklich mitbekommen hatten.

Dieser Antrittsbesuch war nur einen Tag später angesetzt. Es begann wie am Abend vorher. Die beiden hatten sich nach der Arbeit schön umgezogen, wieder eine Flasche in buntes Papier gewickelt – sie allerdings diesmal nicht zu Hause vergessen – und mein Fell gebürstet, was meine Laune auch dieses Mal nicht gerade gehoben hat. Genauso spazierten wir dann abends hinüber zur benachbarten Haustür, und mein Zweibeiner klingelte brav.

Nach wenigen Sekunden kamen feste Schritte an die Tür, und ein männlicher Zweibeiner stand in der Mitte. Ein stämmiger Kerl mit roten Haaren, einem karierten Hemd, einer Cordhose und einem festen, fast stechenden Blick. „Herzlich willkommen", sagte er freundlich und trat zur Seite. Meine beiden Zweibeiner taten ein paar Schritte nach vorne. „Sollen wir die Schuhe ausziehen?", fragte sie vorsichtig. „Ach wo", antwortete der Angesprochene und machte mit der rechten Hand einen Schlenker nach vorne.

Wir gingen in den Flur, wobei ich wieder der Letzte war, aber diesmal ganz vorsichtig lief und den Zweibeiner besonders konzentriert beobachtete. Hier roch es nach Essen und nach Katze. Irgendwo musste das Miststück sein. Ich war angespannt. Der Dicke drehte in das Wohnzimmer und wies mit der Hand auf die beiden Ledersessel. „Bitte schön." Meine Zweibeiner setzten sich artig, und er stellte die eingewickelte Flasche auf den Tisch, zog das Papier runter und sagte mit wichtiger Stimme: „Das ist für Sie." Unser Nachbarzweibeiner strahlte und antwortete: „Das ist aber nett. Vielen Dank." Dann drehte er sich um und rief in die Küche: „Hilde, kommst du mal."

Hilde, das war bestimmt nicht die Katze, sondern seine Frau. Und die kam mit kurzen, schnellen Schritten herein, trug eine Schürze über dem braunen Kleid und hatte eine glitzernde Brille auf. Hilde schüttelte die Hände der Gäste, drehte sich dann eilig um und verschwand wieder in der Küche. Die Zweibeiner saßen da und plauderten über die Häuser in der Nachbarschaft, über das Wetter. Der Gastgeber wollte wissen, was mein Zweibeiner arbeitete, fragte nach seinem Auto, worauf der etwas das Gesicht verzog, so wie er es immer tut, wenn er von ihr bei einer Schlamperei erwischt worden ist. Der dicke Zweibeiner schenkte Bier in große Gläser, und sie prosteten sich zu. Es zeichnete sich ab, dass die Sache ähnlich laufen würde wie am Vorabend mit dem Eierlikör.

Kurze Zeit danach kam Hilde mit einem großen Teller ins Wohnzimmer. Sie setzte den Teller demonstrativ mitten auf den tiefen Wohnzimmertisch. Auf dem Teller dampften kleine heiße Buletten, worauf ich etwas näher an den Tisch ging, was auch mein Zweibeiner bemerkte und mich mit strengen Blicken fixierte. Was für eine Ungerechtigkeit.

Dann schnappten sie sich die Buletten und bissen gierig hinein. Es dauerte nur wenige Minuten, bis der Teller leer war und nur einige verschämte Krümel rumlagen. Anschließend wurde wieder Bier nachgeschenkt. Ich meine, aus Bier mache ich mir nichts. Aber ist es nicht unhöflich, ja ungerecht, dass man mich mit leerem Magen hierher schleppt und dann vor meinen Augen einen großen Teller Buletten verdrückt? Eine Gemeinheit. Ich schlich verärgert aus dem Raum und über den Flur in ein anderes Zimmer.

Da stand sie vor mir, schaute mir in die Augen und fauchte. Und wie sie fauchte. Klar, wenn mein Erzfeind plötzlich abends mitten in meinem Zuhause steht, würde ich auch ausflippen. Sie war kurz davor, machte einen Riesenbuckel und fauchte wieder. Ich war ratlos. Sollte ich vorsichtig und zurückhaltend sein oder ihr zeigen, dass mit mir nicht zu spaßen ist?

„Wir sind neu hier, kommen aus Berlin", sagte ich zu ihr.

„Was interessiert mich das? Du bist ein blöder Hund und hast hier nichts verloren", fauchte sie.

Ich war ganz entspannt und entgegnete: „Was willst du denn? Deine Zweibeiner haben uns eingeladen. Dagegen kannst du gar nichts machen."

Das änderte ihre Meinung nicht. „Und ob ich da was machen kann. Ich zerkratze dir deine blöde Dackelschnauze", fuhr sie mich grob an, hob ihre Pfote und fuhr die Krallen aus.

Ich duckte mich etwas, ging in die Knie und knurrte heftig: „Das überlebst du nicht, du Katzenvieh." Sie fauchte noch lauter, ich knurrte noch heftiger.

Da kam plötzlich der dicke Rothaarige ins Zimmer und wurde laut. „Minki! Sei brav und mach keinen Ärger", schimpfte er und stellte sich demonstrativ vor sie. Sie zog sich etwas zurück, fauchte beleidigt und drehte sich dann weg. Langsam stolzierte sie unter einen Tisch und legte sich dort hin. Ich blieb kurz stehen und machte mich über sie lustig: „Gegen mich hast du keine Chance."

Der Dicke sah jetzt zu mir und blaffte auch mich an: „Und du kommst jetzt mit. Hier hast du nichts verloren, mein Lieber."

Mein Lieber? Als ob der etwas Liebe für mich übrig hätte. Ich allerdings für ihn auch nicht. Für seine Katze noch weniger. Gestern Mizzi, heute Minki. Katzen sind einfach eine Plage.

Ich hab mich dann unter den Tisch gelegt und gelangweilt, während oben noch einige Biergläser geleert wurden. Irgendwann ziemlich spät sind wir dann wieder nach Hause gewackelt. Wobei vor allem die Zweibeiner gewackelt sind. Ich konnte noch gut geradeaus laufen.

Gut, dass wir nicht jeden Abend solche Antrittsbesuche machen müssen. Meine Zweibeiner würden das auf Dauer nicht durchhalten. Am nächsten Morgen hatte er einen ziemlichen Kater und Kopfschmerzen. Die Zweibeinerin fuhr vormittags zum Einkaufen und hat sich eine Flasche Eierlikör besorgt und im Wohnzimmerschrank versteckt.

Ich bin ein Dackel – holt mich hier raus

Nach dem Ausflug in die Nachbarschaft war meine Sehnsucht nach Katzen erst einmal gestillt. In der Großstadt bist du den Viechern nur selten begegnet, auch deswegen, weil ihre Zweibeiner meistens Angst hatten, dass sie auf Freigang von Autos angefahren, von Verrückten geklaut oder von chinesischen Restaurants eingefangen würden. Und chinesische Kneipen gibt's in Berlin jede Menge.

Als Hund lebst du in der City auch nicht ganz ungefährlich. Vor allem als eher kleiner Hund wie ich. Überall lauern Autos und Radfahrer. Dann gibt es noch die Hundefänger, auf die du besonders aufpassen musst, weil sie genau wissen, wie sie dir auflauern und dich einfangen können. In der Stadt war ich alleine eher ungern unterwegs, auch weil mir der permanente Krach auf die feinen Ohren und auf die Nerven ging. Hier in Bayern ist das anders. Mehr Platz, mehr Ruhe und weniger verrückte Zweibeiner. Zumindest schauen sie auf den ersten Blick nicht so verrückt aus. Aber da kann man sich auch täuschen.

Und das nächste Unheil bahnte sich an. Eines Morgens saß die Zweibeinerin gut gelaunt beim Frühstück und blickte zu mir herunter, als ich wie üblich neben ihr stand und auf Krümel lauerte. „Mein Lieber", rief sie fröhlich und grinste, „wir müssen heute was für deine Schönheit tun."

Oh Gott. Schönheit. Wozu, bitte sehr, braucht ein Hund Schönheit? Wir sind keine Zweibeinerdamen, die jeden zweiten Tag zum Friseur rennen und sich die Gesichter anmalen. Ich bin ein Dackel, der Herkunft nach ein Jagdhund und einer, der es liebt, im Dreck zu wühlen, an der Kacke anderer Hunde zu schnüffeln und sich in stinkender weicher Masse zu wälzen. Was soll ich da mit eurer Schönheit?

Ich überlegte einen Moment, ob ich mich verziehen und der Sache aus dem Weg gehen sollte. Aber wenn sie so drauf war, dann ließ sie sich gewöhnlich nicht mehr davon abbringen. Ich wartete also erst mal ab und legte mich ins Wohnzimmer. Von dort hörte ich, wie sie im Flur an der Garderobe rumkramte. Dann kam sie mit der Leine angelaufen. „Wir machen einen schönen Ausflug", frohlockte sie. Das klang nach Problemen.

Sie holte das Auto aus der Garage, setzte mich samt Leine ins Körbchen und fuhr los. Sie fing unterwegs an, mit mir zu reden, was sie nur macht, wenn sie wirklich gut gelaunt ist. Ich wurde noch unsicherer. „Jetzt, wo der Sommer beginnt und wir eine neue Heimat haben, da müssen wir doch was für uns selbst tun, dass wir bei unseren neuen Nachbarn gut ankommen", verriet sie mir.

Bei unseren neuen Nachbarn? Ich konnte mir nun wirklich nicht vorstellen, dass die alte Dame mit ihrer noch älteren Mizzi und das Paar mit der bösen Minki Interesse an meinem Aussehen hätte. Genauso wenig interessierte mich deren Aussehen.

Meinetwegen konnten die aussehen wie Godzilla und riechen wie eine Darmverstimmung. Das war mir doch egal.

Aber der Zweibeinerin nicht. Sie parkte den Wagen in einer Seitenstraße, holte mich aus dem Korb, zog mich an der Leine eng an sich und spazierte an den Geschäften vorbei bis zu einem kleinen, bunten Laden. Sie öffnete die Tür, die wie eine alte Eisenbahn quietschte, und zog mich hinein.

Drinnen überwältigte mich eine Duftwolke der perversen Art. Es roch nicht nach *einem* Hund. Es roch nach tausend Hunden, nach einer billigen Parfümerie, und dazwischen schlichen menschliche Schweißnoten.

Am Tresen stand eine dicke Frau mit blonden Zöpfen und Hornbrille. Sie hatte eine helle Schürze an, auf der viele Haare klebten. Sie musterte mich und sagte: „Haben Sie einen Termin?" Meine Zweibeinerin nickte und legte einen Zettel auf den Tisch. Die Hornbrille wurde freundlicher und gab ihr die Hand zur Begrüßung.

Die Hundegerüche haben mich im ersten Moment verwirrt. Ich blickte mich unsicher um und entdeckte auf einem Tisch einen zitternden Yorkshire-Terrier. Dahinter am Boden lag ein kleiner Pudel mit kurz geschorenem Fell ganz apathisch in einem Körbchen. Keine Frage, ich war in einer Folterkammer gelandet. Aber warum wollten sie mich foltern? Was hatte ich ausgefressen? Weil ich die Nachbarin zu Fall gebracht oder weil ich mich mit

Minki gestritten hatte? Rechtfertigten diese Kleinigkeiten einen Abschub in dieses Hunde-Guantanamo? Ich war zutiefst verunsichert.

Meine Zweibeinerin war immer noch gut gelaunt, was ich in diesem Moment extrem fies fand. Sie drückte der Hornbrille meine Leine in die Hand, schaute mich an und flötete: „Viel Spaß bei deiner Wellnessbehandlung. Ich hab jetzt einen Friseurtermin." Was soll ich bitte mit Wellness?, dachte ich. Ich bin kein Zweibeiner und auch kein dekadenter Yorkshire-Fiffi, der sich in Louis-Vuitton-Taschen rumtragen lässt. Ich bin ein Dackel. Ein Naturbursche. Also holt mich hier raus!

Die Zweibeinerin tippelte mit ihren High Heels flott aus dem Laden, und ich saß alleine auf dem Boden neben dem Tisch, auf dem oben der zitternde Yorkshire-Terrier stand. Ich blickte zu ihm hinauf und fragte ihn: „Was ist hier los?"

Er schaute mich erstaunt an: „Das ist hier ein Hundesalon. Kennst du das nicht?"

Ich schüttelte den Kopf.

Er blickte mich jetzt geradezu entgeistert an. „Was, du warst noch nie im Hundesalon? Ich muss den Mist hier einmal im Monat über mich ergehen lassen." Das klang nicht gut.

„Was machen sie hier mit dir?", fragte ich vorsichtig.

Er zitterte immer noch und erzählte weiter: „Na ja, hier wirst du generalüberholt, und zwar auf Zweibeinerart. Alles, was die schön finden, waschen, einschäumen, Haare schneiden und noch andere Foltereien."

Damit wurde meine Stimmung nicht besser. „Wozu soll das denn gut sein?", fragte ich ihn.

Der Yorkshire schaute mich an und sagte betont langsam: „Das hat den einzigen Sinn, dass du so aussiehst, wie es ihnen gefällt. Dass du wie eine Mischung aus Hund und Zweibeiner daherkommst und riechst."

Ärger stieg in mir auf. Und Ohnmacht. Sollten sie das doch mit ihren blöden Katzen machen. Aber wir waren Hunde und keine auftoupierten Staubfänger.

Kurz danach kam die Hornbrille, schnappte sich meine Leine und führte mich zu einem Korb nicht weit von dem Pudel. „Gleich bist du dran, mein Lieber", gab sie mir mit strenger Stimme zu verstehen. Ich blickte um mich, ob ich irgendeine offene Tür sähe, durch die ich abhauen könnte. Aber auf solche Ideen war die Hornbrille klarerweise vorbereitet. Da wäre ich nicht der Erste gewesen.

Ich blickte zum Pudel, der immer noch regungslos im Körbchen lag. „Was haben sie mit dir gemacht?"

Er drehte wie in Zeitlupe seinen Kopf, blickte mit müden Augen zu mir und röchelte: „Lass mich in Ruhe."

Mir wurde allmählich klar, dass ich diesem Wahnsinn hier schutzlos ausgeliefert war.

Bald darauf kam die Hornbrille wieder auf mich zu. „So, mein Lieber. Jetzt machen wir einen schönen Hund aus dir." Das klang nicht nur wie eine

Drohung. Das war eine Drohung. Sie hob mich auf einen Tisch neben dem Yorkshire, fixierte mich mit der Leine und holte etwas aus einer Plastikbox, das merkwürdig summte. Sie fuhr mir damit durch das Fell. Ich merkte, wie meine Haare durch die Luft flogen. Aha. Hundefriseur. Das ging ja noch. Das längliche schwarze Gerät schepperte laut und metallisch direkt neben meinen Ohren, und ich merkte, wie sich meine Haare auf dem Tisch verteilten. Es zwickte und juckte ein wenig. Aber es war erträglich.

Danach hob sie mich vom Tisch und trug mich in eine andere Ecke des Ladens. Ich landete in einer kleinen Badewanne. Dort stand ich nun, und die Hornbrille fing an, mich zu duschen. Das warme Wasser lief über mein dezimiertes Fell. Ich schloss die Augen. Mit Wasser hab ich nicht viel im Sinn. Ein normale Dusche hätte mir nichts ausgemacht. Aber so wie es in dem Laden roch, war mir klar, dass es mit einer simplen Dusche nicht getan sein würde.

Die Hornbrille verteilte mit der Handfläche etwas Weißes auf meinem Fell, das nach Seife roch und anfing, auf meiner Haut zu jucken. Sie hielt den Wasserstrahl darauf und rieb mit den Händen, bis ich komplett eingeschäumt war und roch wie eine Zweibeinerin, die zum Tanzen geht. Es war einfach eklig. Sie seifte meine Beine ein, dann den Bauch und fing schließlich an, mit den Fingern rund um meine Augen und meine Schnauze das Zeug einzumassieren. Ich roch wie ein Hund gewordenes Stück Seife, und ich fühlte mich auch so. Würde mich jemals wieder irgendeine Hündin auch nur an ihr schnüffeln lassen, wenn ich wie eine Zweibeinerparfümerie durchs Leben lief? Es juckte am ganzen Körper, und ich wäre am liebsten aus der Wanne gesprungen. Aber die Hornbrille hatte mich fest im Griff.

Es dauerte nicht lange, da bekam ich wieder eine verstärkte Dusche, und sie wusch den Schaum aus meinem Fell raus, was ich nun gar nicht verstand. Warum seifte sie mich zuerst ein, wenn sie dann doch wieder alles entfernte? Andererseits war ich natürlich froh, dass ich das stinkende Zeug wieder los war. Merkwürdige Zweibeiner. Ich sag es immer wieder.

Nach der Dusche fühlte ich mich wieder halbwegs normal, wenn man in dieser Situation überhaupt von normal reden kann. Die Hornbrille legte Handtücher über mich, wickelte mich ein und fing an zu rubbeln. Das war dann teilweise wieder ganz angenehm. Vor allem als sie meinen Rücken bearbeitete, was wie eine kurze Massage war. Ich liebe es ja, wenn man mir den Rücken massiert. Das lieben eigentlich alle Hunde. Außer vielleicht ein paar verzogenen Yorkshire und Jack Russell. Insofern war das ein kleiner Trost nach all dem Unsinn.

Aber es war noch nicht zu Ende. Nun kam von oben ein großes Rohr, aus dem heiße Luft auf meinen geschundenen Körper wehte. Der Fön trocknete mein Fell, und ich musste aufpassen, dass ich nicht mit den Augen oder der Schnauze in dem heißen Luftstrahl landete.

Danach begann der schlimmste Teil der Tortur. Mit einer Bürste zupfte sie Haare aus meinem Fell. Es zog und zwickte überall, und ich fing an zu knurren. Irgendwann reicht es schließlich! Das störte sie nun gar nicht. „Ruhig Blut, mein Lieber", herrschte sie mich an, und ihre Stimme hatte etwas Bedrohliches. Sie bürstete weiter, und ich zuckte, wenn sie an meinen restlichen Haaren zog. Es war wie eine Folter. Ich hätte sie beißen können. Ein wenig vielleicht, aber ich hatte nicht den Eindruck, dass sie das beeindruckt hätte. Sie machte irgendwie einen sehr handgreiflichen Eindruck auf mich. Also ließ ich es über mich ergehen.

Als das Zupfen endlich vorbei war, kam sie mit einer langen, spitzen Schere, und mir wurde beim Anblick dieses Folterinstruments ganz übel. Nun begann sie damit, an meinen Pfoten rumzuschnippeln, schnitt Haare aus und wechselte dann zu meinem Kopf, wo sie über den Augen und an den Seiten weiterschnippelte. Zum Schluss kamen die Ohren dran, was mich noch mal richtig nervte, weil sie empfindlich sind und für einen Hund außerdem lebensnotwendig. Ich hielt mich ganz still. Nicht dass sie versehentlich ein Teil meiner schönen Ohren kappen würde.

Am Ende landete ich dann wieder in dem Korb neben dem Pudel. Auf der anderen Seite hockte der Yorkshire-Terrier, der wohl ebenfalls darauf wartete, abgeholt zu werden. Sein Fell wirkte künstlich auftoupiert, und zwischen seinen Ohren stand eine bunte Schleife wie bei einem Geburtstagsgeschenk. „Jetzt siehst du viel besser aus", herzte er mich an.

„Halt bloß deine blöde Klappe, sonst gibt's was auf deine Schleifchenbirne", fauchte ich.

Er zuckte und schmollte: „Mein Gott. Das war doch ernst gemeint. Du bist wirklich ein Süßer jetzt."

Ich guckte den Yorkshire an, und mir wurde klar, dass der mit Hundedamen nicht viel im Sinn hatte. Er saß da, zupfte an seinen Locken und verdrehte die Augen wie eine läufige Hündin. Im Hundesalon einen schwulen Yorkshire aufzureißen, das kam ja nun gar nicht infrage. Sollte er sich doch mit dem verschlafenen Pudel zusammentun! Der war so verpennt, dass er wahrscheinlich gar nicht gemerkt hätte, ob er mit Rüde oder Dame intim wurde.

Ich wollte jetzt meine Ruhe haben und nur noch nach Hause. Langsam wurde ich fast so apathisch wie der Pudel und wartete nur noch auf meine Zweibeinerin. Zwischendurch kamen noch ein dicker blonder Retriever und ein dunkler Kerry-Blue-Terrier in den Laden rein. Ich hatte kein Mitleid. Ich drehte mich zum Kerry Blue, zwinkerte ihm zu und sagte: „Na, Junge. Jetzt wartet die Folterkammer auf dich." Er zitterte eh schon am ganzen Körper, und das gab ihm den Rest. Er drehte sich zu mir, knurrte und wollte auf mich los. Doch die Hornbrille griff schnell an seine Leine und riss ihn mit aller Kraft zu sich, dass es ihm fast den Hals abschnürte. Ich grinste innerlich und dachte mir, dass ich jetzt nach all dem Ärger ein wenig Schadenfreude doch verdient hatte. Den Retriever ließ ich vorsichtshalber in Ruhe. Man weiß ja nie, wie nahe einem diese dicken Jungs kommen.

Ich legte mich wieder hin und döste weiter. Dann hörte ich endlich die Schritte meiner High-Heel-Zweibeinerin. Fröhlich schoss sie in den Laden herein, erblickte mich und wurde fast ohnmächtig. Für eine euphorische Begutachtung meines geschundenen Fells hat's dann noch gereicht. „Liebling. Du bist wunderschön." Dann legte sie mehrere Geldscheine auf den Tisch der Hornbrille, zog mich an der Leine aus dem Laden und war so gut gelaunt, dass es mich schon genervt hat. Von der Hornbrille hat sie sich auch noch fast hysterisch verabschiedet. Ich hab dieses Zweibeinerweibsstück nicht mal angesehen.

Wir sind schnell zum Auto gelaufen und nach Hause gefahren. Ich war froh, dass mich keiner von den Nachbarhunden gesehen hat. Ich kam mir nackt vor. Als ob sie mir mein Fell komplett abrasiert hätten. Mir war klar, dass ich die nächsten Tage möglichst wenig aus dem Haus gehen würde. Als reine Vorsichtsmaßnahme.

Den Rest des Tages verbrachte ich im Wohnzimmer und im Garten. Ich war müde von den Behandlungen und von dem psychischen Stress. Abends kam der Zweibeiner von der Arbeit. Er war ziemlich erschöpft und hat weder gemerkt, dass ich im Hundesalon war, was mir nun ziemlich egal war, noch dass die Zweibeinerin beim Friseur gewesen war. Das kam bei ihr allerdings nicht gut an, bis er sich entschuldigte und das Ganze mit seinem harten Arbeitstag rechtfertigte.

Ich wollte damit nichts zu tun haben und habe mich in eine Ecke verzogen. Bis mich die Zweibeinerin nach dem Essen an den Tisch kommandierte und ihm präsentierte. Wie er mich fand, wollte sie wissen. Er sagte nur kurz: „Nett". Und das war's dann auch. Ihm war das egal, und das machte ihn für mich in dem Moment richtig sympathisch.

Das Ganze konnte ihrer guten Laune nichts anhaben. Sie strahlte mich an und war offensichtlich glücklich. „Du siehst so gut aus. Wir sollten dich umbenennen in George. Wie George Clooney." Die spinnen, die Zweibeiner. Wenn sie das noch mal mit mir machen, dann wandere ich aus.

Landleben ist lebensgefährlich

Unsere Abende im neuen Heim liefen eigentlich immer nach demselben Muster ab. Meine beiden Zweibeiner saßen auf dem Sofa und redeten wenig. Auf dem Tisch lag eine dicke Tüte mit diesen grässlichen Chips. Dazu lief der Fernseher. Meistens schauten sie Talkshows und Castingsendungen. Hunde haben nicht viel übrig für Fernsehen. Du siehst dort kleine Menschen rumhüpfen, die du zwar hören, aber nicht riechen kannst und die ziemlich merkwürdige Dinge sagen und tun. Außerdem wird furchtbar viel rumgeballert. Irgendwie unnatürlich und sinnlos.

Ich liege dann meistens auf der Decke neben dem Sofa und träume. Normalerweise träume ich am liebsten davon, ein richtiger Dackel zu sein. Einer, der immer in der Natur ist, der frei rumlaufen kann und stehen bleiben und schnüffeln, wo er will. Und der mit wild aussehenden Zweibeinern mit Lederjacken und langen Haaren und Bärten auf die Jagd geht, durch den Wald schleicht, in Erdlöcher kriecht und Dachse jagt. Wenn wir dann den Dachs erlegt haben, gibt's für mich einen fetten Brocken rohes Fleisch als Belohnung, und am Ende liegen wir satt und zufrieden vor unserer Hütte.

Meine Zweibeiner wissen nichts von meinen Träumen. Sie wären wahrscheinlich entsetzt, was für einen ungehobelten Burschen sie im Hause haben. Einen, der es mag, rohes Fleisch zu fressen und ungeniert in der Gegend rumzufurzen. Ich glaube, dass die Zweibeiner früher auch einmal so waren wie in diesen Träumen. Dass sie lange, zottelige Haare hatten, in Hütten hausten, sich den Tag über nur mit Fressen und Schlafen beschäftigten und hinter die Bäume gekackt und gepinkelt haben. Ich meine, für ein wirklich schönes Leben brauchst du nicht viel. Natascha vielleicht noch.

Von der träumte ich in dieser Zeit auch öfters. Da lebten wir zu zweit in einer schönen Holzhütte in einem großen Garten direkt am See. Es gab nur uns und keine anderen Hunde, vor allem keine großen Hunde. Es war wie im Paradies. Die Zweibeiner setzten uns jeden Tag das Futter vor unsere Hütte und waren dann weg. Und zwar für den Rest des Tages, und wir konnten tun, was wir wollten. In der Gegend rumlaufen, schnüffeln, Löcher buddeln, das Revier markieren, ins Wasser hüpfen und was man eben sonst noch zu zweit so macht.

Im richtigen Leben hat sich endlich wieder etwas getan. Meine beiden Zweibeiner liefen morgens schon etwas nervös durch das Haus und diskutierten. Es ging ausnahmsweise mal um mich, was mich zunächst beunruhigte. Aber dann stellte sich heraus, dass sie einen Ausflug machen wollten und nicht wussten, ob sie mich mitnehmen oder alleine im Haus lassen sollten.

Er wollte, dass ich hierbleibe. Sie wollte mich mitnehmen. Ich dachte schon, sie tut das aus Zuneigung. Aber da lag ich ziemlich daneben.

„Nicht dass er wieder irgendwas Fressbares findet und im Wohnzimmer rumkotzt", sagte sie ihm mit einem schneidigen Ton wie ein Feldwebel.

Er zuckte mit den Schultern und erwiderte mit einer müden Stimme, die nach Aufgeben klang: „Das ist doch schon lange her. Eher macht er uns ins Auto. Das tut er doch gern, wenn's mal etwas kurviger wird."

Ihre Wohnung, sein Auto. So sind sie, die Zweibeiner. So umständlich und immer ängstlich und gestresst. Ich mochte mir das nicht anhören, wusste eh nicht, was da auf mich zukommt, und schlich auf die Terrasse.

Es war an diesem Vormittag nicht viel los. Links war von der Katze nichts zu sehen und zu riechen. Die brauchte ich bestimmt nicht. Noch mehr Ärger. Natascha hatte ich an diesem Tag auch noch nicht gesehen. Sie war nicht immer zu denselben Zeiten unterwegs. Das machte unsere Beziehung etwas schwer planbar. Na ja, eine Art von Beziehung halt. Aber das konnte ja noch werden. Vielleicht kam ja auch irgendein Hundekumpel vorbei.

Ich schlich mich an den Zaun zur Straße, spannte die Ohren und schnüffelte etwas gegen den Wind. Drüben vom Bauernhof kam wieder dieser ekelige Kuhgestank. Ich lief zurück zur Terrasse und legte mich ein wenig hin. Es dauerte etwas länger, dann merkte ich, dass ein Hund unterwegs war. Natascha? Nein, das würde ich sofort riechen. Es war James, der seine Runde drehte.

Ich lief zum Zaun und begrüßte ihn.

Er schnüffelte am Zaun, schaute mich an und bellte heiser. „Mir geht's nicht gut. Ich hab im Abfalleimer eine Currywurst entdeckt und sie mit einem Bissen runtergeschlungen. Seitdem hab ich Magenkrämpfe."

Ich zeigte ihm mein Mitleid. „Bei den Würsten der Zweibeiner musst du immer aufpassen. Da sind übel gewürzte Teile dabei, die dich echt fertigmachen."

James grummelte. „Außerdem hab ich einen ziemlichen Ärger mit meinen Leuten bekommen. Ich glaube, sie wollen mich auf Diät setzen. Ist nicht mein Tag heute."

Er tapste wie in Zeitlupe, also noch langsamer als sonst, am Zaun entlang. Dann schlich er hinüber zur Wiese und zupfte mit dem Maul Grashalme, die er hastig verschlang. Ein altes Hausmittel in Hundekreisen, wenn es mal Probleme mit der Verdauung gibt. James graste noch ein paar Minuten, dann zog er ganz entspannt weiter. Ich bellte noch kurz zum Abschied hinter ihm her.

Menschen und Hunde sind beim Fressen schon extrem unterschiedlich. Klar, es gibt viele Dinge, die sie verschlingen und die uns auch schmecken. Aber du musst bei den Sachen, die du heimlich oder zufällig erwischst, ziemlich aufpassen. Unsere Mägen vertragen vieles nicht, was bei den Menschen konsumiert wird. Problematisch ist dabei, dass wir Hunde beim Fressen Spontantäter sind. Wenn es appetitlich riecht, dann schlagen wir sofort zu. Da wird nicht viel überlegt. Wahrscheinlich ist das etwas, was wir von unseren Vorfahren geerbt haben, die ja meist nicht wussten, wann es wieder was zu fressen gibt. Wir sind aber heute Pensionsgäste bei den Zweibeinern mit klar geregelten Fressgewohnheiten. Und trotzdem schlagen wir zu, wo es gerade was Fressbares gibt.

Je länger ich darüber nachdachte, desto stärker stieg der Appetit in mir hoch. Vormittags bekomme ich immer eine Schüssel mit Futter, danach geht es auf die Gassirunde. Ich hörte, wie der Zweibeiner in der Küche mit dem Dosenöffner hantierte, und ich sah durch die Tür die Hundefutterbüchse. Mit wedelndem Schwanz lief ich zu ihm und setzte mich neben seine langen Beine. Die übliche Prozedur wie jeden Tag.

Er drehte sein Gesicht zu mir, schaute herunter und grinste: „Das weißt du sofort, wenn's was für dich gibt."

Ich strahlte ihn an, wie man eben einen anstrahlt, der Futter für einen hat. Menschen fühlen sich da ja gleich gebauchpinselt und glauben, dass man sie innig lieben würde.

Gut. Ich mag die Zweibeiner natürlich. Aber sie checken nicht, dass es in dem Moment um Grundbedürfnisse geht und nicht um irgendwelche nebensächlichen Befindlichkeiten.

Die Schüssel war dann auch in ein paar Sekunden geleert. Ich schleckte sie mit der Zunge sauber und holte zuletzt noch ein paar kleine Brocken aus meinen Barthaaren. Das Übliche eben. Dann ging ich entspannt aus der Küche raus und legte mich zum Verdauen ins Wohnzimmer.

Die beiden taten das, was Zweibeiner ihr halbes Leben machen und was einem Hund nie einfallen würde. Sie räumten auf. Ihren Lauten entnahm ich, dass ihnen das nicht viel Spaß machte. Ich kenne das ja, aber wundere mich immer wieder darüber. Wie kann man die Zeit mit solch überflüssigen und langweiligen Sachen verplempern. Eigentlich wäre es Zeit für die Gassirunde gewesen. Nach dem Fressen stehen dringende Geschäfte auf dem Programm, und die soll ich ja auch nicht im Garten erledigen.

Endlich sah ich, wie die Zweibeinerin die Schuhe anzog und sich Jacke und Leine vom Garderobenständer nahm. Ich sprang hoch und rannte freudestrahlend auf sie zu. „Gleich geht's los, Rambo", sagte sie. Ein wenig, glaube ich, freute sie sich auch. Wir verließen das Haus und bogen links auf die Straße. Diesmal nicht zum Park, sondern eine andere Runde. Mal was Neues. Sie nahm mich an die blöde Leine, und wir spazierten weiter, vorbei an einigen Häusern, in denen es nach Hund roch.

Hinter einer hohen Hecke hörte ich ein böses Knurren und sah einen Dobermann hinter dem Zaun. Er bellte uns an, meine Zweibeinerin erschrak und zog mich hastig auf die andere Straßenseite. Diese Art von Hunden mag sie gar nicht. Das kenne ich aus der Stadt. Ich mag sie ja auch nicht und gehe ihnen aus dem Weg.

Der Dobermann kläffte mich giftig an: „Hau ab aus meinem Revier, du Zwerg."

Ich überlegte einen Moment, ob ich reagieren sollte oder ihn einfach ignorieren. „Was willst du? Du kommst ja eh nicht raus, du Angeber", gab ich ihm zurück.

Das machte ihn noch wütender. „Pass nur auf. Irgendwann erwisch ich dich."

Sollte ich ihn weiter reizen oder einfach abhauen? Vielleicht besser, wenn ich nicht zu weit ging. Möglicherweise wäre er mir dann wirklich über den Weg gelaufen. Und Dobermänner sind üble Burschen. Weglaufen, das kann ich mir bei seiner Größe echt schenken.

Also versuchte ich es etwas moderater: „Hey, du bist so ein großer und starker Hund. Du hast das doch gar nicht nötig, mich so anzugehen, wo ich dir eh nix getan hab."

Er schaute mich verdutzt an, überlegte und kläffte dann: „Trotzdem. Hier bin ich der Chef, und wenn einer vorbeiläuft wie du, dann muss hier für klare Verhältnisse gesorgt sein. Kapiert?"

Ganz so falsch lag er ja nicht. „Klar, du bis hier der Chef. Wir können uns ja auch vertragen", gab ich ihm als Antwort. Als Dackel musst du halt auch deine Grenzen kennen. Ich drehte mich weg und lief weiter.

Meine Zweibeinerin hat die Begegnung mit dem Dobermann nicht wirklich interessiert, was nicht an mir lag, sondern an ihrem Handy, das klingelte.

Jetzt liefen wir ganz normal weiter und kamen bald zu einer großen Wiese. Dort ließ mich die Zweibeinerin endlich frei, und ich lief ins hohe Gras und erledigte schnell noch mein Vormittagsgeschäft, als ich plötzlich feste Schritte spürte und eine laute Stimme hörte.

„Ja Kruzifix, du Dreckshund, du greisliger", tobte eine Männerstimme, und da lief ein großer, feister Kerl mit einer blauen Arbeitshose und einem dicken Stock in der Hand auf mich zu. „Ihr Dreckshund' scheißts mei Wiesn voi, und de Küah wern krank", plärrte es mir entgegen.

Meinte der mich? Ich unterbrach mein Geschäft und machte einen kurzen Sprint Richtung Straße. Der Typ lief weiter auf mich zu. Er roch nach Schweiß und Kuhstall, und ich spürte seine Aggressionen.

Ich verzog mich lieber. Meine Zweibeinerin stand völlig erstarrt auf der anderen Straßenseite. „Rambo, bei Fuß", schrie sie mich an. Ich versteckte mich hinter ihr und wartete ab.

Der Bauer war nur noch wenige Meter entfernt und warf meiner Zweibeinerin wütende Blicke zu. Sie wusste, dass sie jetzt was tun musste.

„Was ist denn los?", rief sie daher dem Bauern entgegen.

Die Antwort ließ nicht lange auf sich warten: „De Dreckshund', de ham auf meiner Wiesn nix valorn", schrie er wütend, „und jetz schleichts eich." Er hob den Stock in die Luft und schaute grimmig wie ein Henker zu mir herüber.

Ich stand glücklicherweise auf der gegenüberliegenden Straßenseite, jederzeit bereit, ins Gelände abzuhauen.

„Entschuldigung, das haben wir nicht gewusst", retournierte meine Zweibeinerin, „da muss man doch nicht so ein Theater machen."

Der Bauer drehte sich endlich um und stapfte zurück zu seinem Haus. Aber nicht ohne Kommentar: „Preißn, natürlich. Des hätt i ma glei denga kenna."

Meine Zweibeinerin zog die Augenbrauen hoch, was sie immer tut, wenn sie richtig genervt ist, und zischte leise: „Bauerntrottel". Sie drehte sich zu mir hin und gab eine kurze, knappe Anweisung: „Komm, wir gehen zurück. Jetzt reicht's." Dann zog sie mich an der Leine eng an sich heran und ging mit schnellen Schritten und ohne Pause Richtung Haus. Ich hatte keine Gelegenheit für Schnüffeleien oder um ein paar Markierungen zu hinterlassen.

An der letzten Ecke sah ich weit hinten Natascha tippeln. Ich zuckte kurz zusammen, wollte reflexartig zu ihr laufen, hatte aber gegen den Heimwärtsdrang meiner Zweibeinerin keine Chance. Sie zog mich streng zur Haustür hinein, legte dann erst die Leine ab, warf ihre Schuhe in die Ecke und verschwand entnervt im Badezimmer.

Der Zweibeiner saß im Wohnzimmer, schaute etwas fragend zu mir rüber und zog den Kopf ein. Menschliche Körpersprache. Am liebsten wäre er wohl jetzt abgetaucht.

Ich habe, ehrlich gesagt, überhaupt nicht verstanden, was an diesem Vormittag geschehen ist. Eigentlich hab ich nur das getan, was ich immer mache. Morgens nach dem Frühstück Gassi gehen und mein Geschäft erledigen. Ich würde das ganze Theater ja verstehen, wenn ich mitten auf die Straße mache, was die Zweibeiner gar nicht mögen. Aber auf der Wiese ist das doch ganz normal. Sonst haben meine Zweibeiner eine Plastiktüte dabei, mit der sie mein Geschäft einsammeln und dann in einen Abfallkorb werfen, was ich bis heute nicht verstehe. Aber an diesem Tag hat sie die Tüte daheim vergessen, was mir auch nicht aufgefallen ist, weil ich das Ding ziemlich überflüssig finde.

Warum sich der Bauer so aufgeregt hat, das kapier ich nun gar nicht. Ich meine, ich habe nur ein klitzekleines Geschäft auf seine Wiese gemacht. Ich bin ja schließlich nur ein Dackel. Selbst Katzen machen vergleichbare Geschäfte. Und dann kam dieser Bauer, machte ein Riesentheater, wollte mich offensichtlich massakrieren. Auf der anderen Seite fährt er mit seinem Traktor die Scheiße von seinen Kühen auf genau dieselbe Wiese und bedeckt sie komplett mit dem Müll. Wie blöd ist das denn? Ich glaube, Bauern hassen Hunde oder Dackel im Speziellen. Oder sind das bayerische Bräuche? Ich werde bei der nächsten Gelegenheit mal James oder Natascha fragen.

Als sie ins Wohnzimmer zurückkam, erzählte sie es gleich dem Zweibeiner, der das relativ entspannt aufnahm. „Auf den müssen wir in Zukunft aufpassen. Die Bauern kennen da keinen Spaß."

Sie schüttelte den Kopf und sagte: „So ist das mit dem Leben auf dem Land."

So viel Stress an einem einzigen Vormittag. Ich legte mich in meinen Korb und versuchte etwas zu entspannen. Eigentlich reichte es für heute, aber wir hatten ja erst Mittag, und dann stand noch der ominöse Ausflug an.

Auch Hunde sind Jäger und Sammler

Wir Hunde sind Rudeltiere. Viele Menschen wissen das nicht oder haben es einfach vergessen. Unsere Vorfahren haben im Rudel gejagt. Dass wir heute Einzelkämpfer sind, das entspricht eigentlich nicht unserem Naturell. Aber die Menschen sind ja zu bequem, als dass sie uns unsere natürlichen Lebensgewohnheiten gönnen. Wär ja auch ziemlich stressig, mit fünf oder sechs Dackeln in unserer neuen Doppelhaushälfte. Ich hätte da nichts dagegen, aber meine Zweibeinerin würde wahrscheinlich jeden Tag durchdrehen.

Was die Zweibeiner auch nicht kapieren, das ist unsere Verständigung. Wir Hunde haben ein ausgeklügeltes System, wie wir uns mitteilen. Mit Bellen, klar, aber auch mit Blicken und mit Körpersprache.

Okay. Das ist die eine Geschichte. Die andere ist, und das kapieren die Zweibeiner noch weniger, dass wir auch ihnen gegenüber ziemlich gut checken, wie sie drauf sind. Denn wir beobachten sie immer sehr genau und achten darauf, was sie tun. Das ist so, wie wenn wir zusammen auf der Jagd sind und unseren Rudelführer beobachten, was er gerade machen will, damit wir sofort darauf reagieren können. Wir kennen unsere Leute im Lauf der Jahre ganz gut und wissen genau, was es bedeutet, wenn sie dies oder das tun. Oder nicht tun. Mit anderen Worten: Ihr Zweibeiner könnt uns nichts vormachen. Wir sind euch nämlich überlegen. Nicht immer, aber bei vielen wichtigen Sachen.

So viel zur Theorie. Und nun zur Praxis. Meine Zweibeiner haben an diesem stressigen Tag eher wenig zu Mittag gegessen, dann ihren üblichen Espresso getrunken. Ich hab ja schon vormittags meine Ration bekommen und durfte wie immer zuschauen, während sie mampften. An ihrer Nervosität und Hektik hab ich rasch erkannt, dass der Ausflug unmittelbar bevorstand. Als Hund spürst du das ganz rasch, wenn Zweibeiner Aktionismus bekommen.

Was mich dann ziemlich verunsichert hat, war, als sie zu ihm nach dem Kaffee sagte: „Kannst du bitte noch den Hund bürsten, dass er nicht so zottelig aussieht."

Ich habe eine Gänsehaut bekommen. Bürsten! Das ist schlimmer als Duschen. Ich hasse es, wenn sie mir mit der Bürste durchs Fell fahren und ich das Gefühl habe, dass sie mir jedes Haar einzeln ausreißen. Damit ich schön aussehe. Sollen sie sich bitte die Nägel lackieren, die Haare färben und ihre Pfoten in diese engen Lederteile zwängen. Aber warum lassen sie meinen Körper nicht in Ruhe und mich einfach Hund sein? Was war das wieder für ein Tag!

Der Zweibeiner sagte dann zu ihr: „Mach ich, Liebling. Aber dann gleich bevor ich mich umziehe, sonst habe ich wieder Rambos Haare auf dem Sakko."

Was hast du nur gegen meine Haare, du eitler Zweibeiner? Aber Zweibeiner haben ja eine Haar-Phobie, und sie verschwenden ziemlich viel Zeit damit, dass sie sich ihre letzten Strähnen aus versteckten Winkeln entfernen, wo sie eh kaum einer sieht. Ich hab das mal im Badezimmer beobachtet und mich köstlich amüsiert.

Das Bürsten musste ich dann über mich ergehen lassen. Dafür gab's einen Hundekeks als Schmerzensgeld. Danach hat sich der Zweibeiner schnell umgezogen – und selbst gebürstet –, dann haben sie das Auto aus der Garage geholt. Ich wurde in das Körbchen auf dem Rücksitz gepflanzt, und die beiden waren ziemlich hektisch.

Ich erwartete eigentlich, dass wir eine richtige Weltreise machen würden bei der Unruhe vorher. Dabei sind wir nur ein paar Minuten am See entlanggefahren zu einer einsamen Villa auf einer großen Wiese. Um das Haus standen hohe Mauern, über die sogar die Zweibeiner nicht rüberschauen konnten. Wir haben an der Mauer geparkt, und die Zweibeinerin hat gleich ziemlich nervös an der Gartentür geklingelt.

Und dann hörten wir es schon. Ein tiefes, hektisches „Wuff, wuff, wuff".

Der Stimme nach hätte ich gesagt: etwas Kleineres, aber Kräftiges. Konnte ein Spitz sein, vielleicht ein Terrier oder ein zierlicher Vertreter der Chow-Chows. Wobei ich diese zotteligen Hektiker gar nicht mag. Furchtbar ungemütliche Hunde sind das. Aber egal.

Nach dem sechsten „Wuff" ging die Haustüre auf und eine große blonde Frau kam auf uns zu. Den Geruch kenne ich doch, dachte ich im ersten Moment. Irgendwo hab ich die schon mal gerochen.

Während ich am Grübeln war, sprang plötzlich eine Englische Bulldogge durch die Tür. Und was für eine. Ein dicker Brocken mit hellem, glattem Fell, braunen Ohren und einer schwarzen Schnauze, die aussah, als ob er gerade gegen einen ICE gelaufen wäre. Wie kann man nur solche Falten im Gesicht haben, gegen die eine ägyptische Mumie wie Heidi Klum als Siebzehnjährige aussieht.

Ich habe nie verstanden, warum gerade Zweibeiner mit viel Kohle, dicken Häusern mit Riesengärten so auf diese Verunstaltungen stehen.

Der Dicke rannte auf uns zu, keuchte wie ein alter Kettenraucher und bellte mich gleich an. „Kannst ruhig reinkommen, aber der Chef bin ich hier. Ist das klar?"

Ich war dann gleich etwas vorsichtig. Bulldoggen sind echte Kraftpakete, und als Dackel siehst du da eher alt aus, auch wenn du die längere Schnauze hast.

„Klar bist du der Chef. Wir sind ja nur auf Besuch. Kein Stress."

Er stand schon neben mir, schnüffelte an meinem Fell und ließ das, was man normalerweise als Nase bezeichnet, über meine Flanke wandern. Ich spürte, dass er kaum aufgeregt war. Ein wenig vielleicht, aber nicht aggressiv. Wahrscheinlich war er froh, dass er endlich mal gescheite Gesellschaft bekommt und nicht andauernd auf dem Schoß seiner üppig parfümierten Zweibeinerin sitzen und fernsehen und Pralinen fressen muss. Das tat er wohl, denn seine Figur ähnelte eher einer Kugel als einem sportlichen Hund.

„Wir könnten uns ja in eurem Garten einen netten Nachmittag machen", schlug ich ihm vor.

„Ich würde lieber zum See runterlaufen, aber da kriegt die Chefin einen hysterischen Anfall", kam von ihm zurück, und ich spürte, dass er nicht übertrieb. „Lassen wir's beim Garten", meinte er noch, „und wir holen uns im Haus ein paar Würstchen."

Ich war etwas überrascht. Gut, er sah nach vielen Würstchen aus, aber seine Zweibeinerin war eigentlich von der Sorte, die für ihre Hunde im Bioladen Sojawürste kauft.

Aber mir konnte es egal sein. Ich hatte endlich einen Spielkameraden nicht nur für ein paar Minuten am Zaun oder im Park, sondern für einen Nachmittag oder vielleicht sogar mehr. Der Dicke war kein ungemütlicher Geselle. Ich musste nur ein wenig auf ihn eingehen und akzeptieren, dass er der Hausherr ist. Was er ja auch war.

Seine Zweibeinerin trippelte mit ihren Pfennigabsätzen über das Parkett, was in meinen Ohren schmerzte, und redete die meiste Zeit nur mit ihrem dicken Liebling, auch wenn der sich dafür ganz offensichtlich gar nicht interessierte.

Das Haus war wirklich riesig groß. Wir konnten die Zweibeiner zwar immer hören und riechen, aber nie sehen. Sie saßen die meiste Zeit im Salon, tranken aus Champagnergläsern und fingen langsam an zu kichern.

Der Dicke, der übrigens Alfred hieß, und ich, wir sind raus in den Garten, haben am Zaun geschnüffelt, mit einem Gummiball gespielt und irgendwann war das Programm durch und wir überlegten, wie wir diesen Nachmittag doch noch etwas spannender gestalten könnten. Alfred führte mich dann auf die Rückseite des Hauses, wo es nicht mehr ganz so vornehm aussah und ein ziemlich großer Rasenmäher vor einem Maschendrahtzaun stand. Neben dem Rasenmäher war ein Komposthaufen mit einem brüchigen Holzrahmen, aus dem es ziemlich faulig roch, was wahrscheinlich sogar Vegetarier anwidern dürfte. Alfred tippelte mit seinen kurzen, stämmigen Beinen um den Komposthaufen herum und lief direkt zum Zaun hin, der dort ein ziemlich großes Loch hatte. Groß genug jedenfalls, dass wir beide uns aus dem Staub machen konnten. Was wir dann gleich taten. Wir mussten uns da nicht groß absprechen. Alfred hat mich kurz angeschaut, und ich habe zurückgegrinst, was er mit einem breiten Grinsen erwiderte. Ich glaube wenigstens, dass er gegrinst hat. Bei seinen Gesichtszügen wusste man das nie genau.

Wir sind dann durch den Zaun auf die Wiese und direkt zu einem Bachbett, wo altes, dunkles Wasser drinstand, das nicht wirklich frisch war. Wir haben uns gleich in das Wasser begeben, sind eingetaucht und haben es genossen, wie sich der modrige Duft in unserem Fell breitgemacht hat. Die optimale Tarnung für die Jagd. So macht ein Ausflug Spaß.

Wir sind wieder raus aus dem Bach, haben uns ausgeschüttelt und sind voller Tatendrang weitergelaufen. Nach wenigen Augenblicken kamen wir zu einem Weg, auf dem uns Spaziergänger begegneten, die uns mit großen Augen angeschaut und den Kopf geschüttelt haben. Das war uns egal. Interessante Gerüche zogen durch unsere Nasen. Der Wind trug uns Düfte von Kaffee, Schokolade und Eis herbei. Das mussten wir uns anschauen.

Unser Ausflug begann mir immer mehr Spaß zu machen. So schön kann das Dackelleben sein. Rumstreunen, im Tümpel baden und Süßigkeiten jagen. Ganz ohne Zweibeiner, Leinen und irgendwelche lästigen Befehle.

Kurz darauf kamen wir zu einem Kiosk. Vor dem Fenster standen vier Zweibeiner in Badehosen mit übel riechenden Gummischlappen an den Füßen. Aus der Öffnung roch es nach Currywurst.

Alfred meinte noch: „So eine Currywurst wär jetzt fein. Die krieg ich zu Hause nie im Leben."

Ich antwortete etwas altklug: „Täusch dich nicht. Die ist so stark gewürzt, das du danach furzen musst wie eine Weltraumrakete."

Er lachte.

Wir waren beide voll im Jagdfieber. Alfred trabte zu dem Abfalleimer direkt beim Kiosk und steckte seinen Kopf hinein. Nach wenigen Sekunden zog er den Rest eines Sandwiches heraus. Es war aber kein gewöhnliches Sandwich, sondern ein Döner. Ich kannte das Zeug noch aus Berlin und wusste, das dieses Futter teuflisch ist. Du schlingst es runter, weil es so lecker riecht, und danach arbeitet es in deinem Bauch wie eine Atombombe.

Alfred kannte solche Sachen nicht. Er war ein Luxushund aus gutem Hause. Einer, der nur beste Speisen in der Porzellanschüssel bekam und der nach solchen Ausflügen ins pralle einfache Leben geradezu lechzte.

Was man ihm auch ansah. Er würgte den Döner mit zwei flinken Bissen runter und schaute dann stolz zu mir rüber. „Los, steck auch mal deine Nase in den Kübel. Da ist noch mehr Zeug drin", lud er mich ein.

Ich ließ mir das nicht zweimal sagen und vergrub meine Schnauze im Eimer. Zwischen Papiertüten mit Eiscremespuren und Plastikfolien fand ich ziemlich weit unten den Rest einer Salamisemmel. Kein Gourmetmenü, aber für den kleinen Hunger zwischendurch ganz okay.

Nachdem unsere Beutestücke im Magen gelandet waren, wollte Alfred weiter. „Komm, wir ziehen da rüber Richtung Wald. Hier sind zu viele Zweibeiner, die uns Ärger machen können."

Ich nickte ihm nur kurz zu und trottete ihm nach. Merkwürdige Gerüche begleiteten uns auf dem Weg zum Wald, vorbei an den Zweibeinern, die nur faul in der Sonne lagen und nach pappig süßen Ölen und Cremes rochen, deren Note sich mit Pizza und Eiscreme vermischte. Dazwischen zogen diese ekligen Zigarettenschwaden, die wir Hunde gar nicht abhaben können.

Rauchen ist auch so etwas, was die Menschen lieben und wir ziemlich bescheuert finden. Unterwegs begegneten uns noch ein paar Hundekollegen, die aber ganz apathisch neben ihren Zweibeinern lagen und kaum auf uns reagierten. Nur ein Golden Retriever schaute neugierig zu uns rüber.

„Hey, Leute", rief er uns zu, „nehmt mich mit. Hier ist es tödlich langweilig, und die Sonne brennt mir mächtig auf den Pelz."

Sein Zweibeiner, ein tief gebräunter Mann mit öliger Haut, einer riesigen Sonnenbrille und silbernen Ohrringen, hat das mitbekommen, reckte sich hoch, zog einmal straff an der Leine und fauchte kurz: „Kusch!"

„Ein armer Kerl", sagte ich zu Alfred, und der nickte nur kurz. Ich merkte, dass da auch Zufriedenheit über unsere momentanen Privilegien mitschwang. Aber das konnte sich ja bald wieder ändern. Da hieß es das einfach ausnützen.

Im Wald wurde es endlich etwas ruhiger. Wir verscheuchten ein paar Enten am Ufer, was tierisch Spaß machte, tranken etwas Wasser und zogen weiter. Hinter dem Wald hörten wir Stimmen. Neugierig schlichen wir uns ran. Das klang irgendwie geheimnisvoll.

Zwei, drei hohe Büsche standen noch im Weg, danach kamen wir zu einer kleinen Bucht, in der einige Menschen rumlagen und spazieren gingen. Die Gerüche waren ähnlich wie drüben, nur ohne Currywürste und Eiscreme.

„Schau mal. Die haben hier alle nichts an", rief mir Alfred zu.

Ich schaute genauer hin und sah, dass die Zweibeiner wirklich nichts anhatten, was für Menschen
ja schon ungewöhnlich ist. Wir Hunde sind da ja
viel entspannter und es gewöhnt, nur mit unserem
Fell rumzulaufen. Menschen haben so gut wie kein
Fell, was ihnen offensichtlich ziemliche Probleme
macht. Sie machen jedenfalls ein Riesentheater um
das, was sie anhaben. Am schlimmsten sind die, die
ihre Hunde auch noch menschlich anziehen müssen. Gibt es etwas Lächerlicheres als einen Hund mit
einem Strickpullover und Wintermantel? Nur hier
waren sie komischerweise viel entspannter, und das
machte Alfred und mich neugierig.

Ich hätte Alfred gar nicht zugetraut, dass er so ein
wilder Bursche ist. Anfangs habe ich ihn für einen
verwöhnten Pinkel gehalten. Englische Bulldoggen
sind heute oft auch nur noch verweichlichte Luxus-
hunde, die von ihren Zweibeinern total verzogen
und sogar zum Fressen getragen werden. In der Stadt
ist es bei allen so. Aber der gute Alfred hatte zwei
Gesichter. Er konnte auch ein richtiger Hund sein.
Und das machte ihn mir sympathisch.

Als wir so auf der Wiese zwischen den nackten
Zweibeinern lagen, habe ich ihn dann gefragt: „Hey,
Alfred, bist du eigentlich glücklich mit deinem vor-
nehmen Leben in der Villa?"

Alfred drehte sich langsam zu mir herüber,
schaute mich ein paar Sekunden etwas verwundert
an und meinte dann: „Weißt du, es könnte mir doch
viel schlechter gehen. Ich habe ein feines Leben,

kriege nur das Beste zum Fressen. Der große Garten ist nur für mich da."

Ich entgegnete ihm: „Und deine Zweibeinerin, die ist ja nicht ganz so einfach."

„Das denkst du", kam es zurück. „Du musst nur wissen, wie du sie behandelst. Ich bin ja ihr Kindersatz, und wenn ich ihr ganz lieb tu, mal ein bisschen kuschele und sie treuherzig anschaue, dann krieg ich alles von ihr."

„Aber du hast doch schon alles", erwiderte ich.

„Schon", meinte Alfred, „aber so die netten spontanen Kleinigkeiten. Mal ein Stück vom Rinderfilet. Mal bei ihr im Schlafzimmer pennen."

Schönes Leben, dachte ich mir in dem Moment.

Alfred drehte sich auf die Seite, streckte mir seinen hellen, runden Bauch entgegen und fing plötzlich zu keuchen und zu schnappen an.

„Geht's dir nicht gut?", hab ich ihn gefragt.

Er keuchte weiter und schnaufte und raunte nur: „Der Döner aus dem Mülleimer, der bekommt mir nicht."

Man sollte als Hund eben öfter Müll fressen, dachte ich bei mir. Das kommt davon, wenn Hunde so verwöhnt sind. Sie vertragen das normale einfache Leben nicht mehr.

Alfred rappelte sich mit seinen kurzen Beinen hoch, die heftig zitterten. Er schnappte nach Luft, machte ein paar klapprige Schritte direkt neben eine Frau, die bäuchlings auf einer Wolldecke lag und ein Buch las. Alfred zuckte plötzlich nach vorne und produzierte einen ziemlich unappetitlichen Laut, der wie ein dumpfes Rülpsen klang, und die Überreste des Döners gossen sich über die braunen und eingeölten Oberschenkel der Frau. Die zuckte hoch, drehte sich um, sah dem blassen, grunzenden Alfred in die Schnauze, dann auf den grünen Brei auf ihren Schenkeln und fing an, hysterisch zu schreien.

„Pfui Teufel, du Scheißköter, hau ab", kam es wie eine Feuerwehrsirene aus ihrem weit geöffneten Mund. Sie stampfte auf den Boden, dass die Dönerbrocken durch die Luft wirbelten, und warf das Buch Alfred auf den Kopf.

Der drehte sich um und humpelte über die Wiese Richtung Wald. Ich folgte ihm und warf ihm zu: „Lass uns so schnell wie möglich abhauen." Alfred krächzte ein schwer verständliches „In Ordnung" und tippelte weiter mit seinen kurzen Füßen. Wir hörten aus der Ferne noch die Schreie der Frau und dann eine Männerstimme: „Beruhig dich, Martha. Das waschen wir einfach weg."

Alfred musste sich im Wald noch einmal übergeben, dann ging es ihm besser und er konnte schon fast wieder normal laufen. Kurz vor der Villa hörten wir schon die Stimme seiner Zweibeinerin. „Alfred, Liebling, wo bis du?"

Wir schlüpften geräuschlos durch das Loch im Zaun und kurvten um die Hausmauer zur Terrasse, wo die Zweibeinerin entzückt war. „Alfreeed, Schatz, wo warst du nur?"

Alfred setzte sich vor sie und wedelte mit dem Schwanz. Sie beugte sich nach unten, kraulte seinen kurzen Hals und gab ihm einen Kuss auf die feuchte Schnauze. „Brrrrhhh. Wo warst du denn schon wieder."

Ich musste innerlich grinsen, und dann fiel mir auch endlich ein, woher ich die Zweibeinerin kannte. Das war die Tussi beim Strandcafé, als wir das erste Mal am Chiemsee waren. Sie war die Blondine mit der blauen Steppweste und mit der Stimme wie eine Feuerwehrsirene. Und der Dicke mit dem Wollpulli war eben Alfred. Wie klein die Welt doch war hier in Bayern.

Alles für die Liebe

Der Besuch bei Alfred war einer der schönsten Tage in meinem neuen Hundeleben in Bayern. Dass ich am Ende noch ein wenig Stress hatte, tut dem keinen Abbruch. Meine Zweibeinerin war ziemlich genervt von meinen neuen Duftnoten, dem Brackwasser aus dem Bach. Ich fand das ziemlich würzig. Sie verzog das Gesicht, guckte mich grimmig an, versetzte bei der Heimfahrt meinen Korb in den Kofferraum des Kombis und hatte auf der gesamten Strecke das Beifahrerfenster offen. Aber der Weg war ja nicht sehr lang.

Zu Hause musste der Zweibeiner mit mir gleich unter die Dusche. Also eher ich und weniger er. Da hat er mir so viel Shampoo verpasst, dass mir den ganzen Abend und die halbe Nacht das Fell juckte. Dabei kann Baden so einfach sein. Aber die Zweibeiner, ich sag's immer wieder, sind in vielen Dingen so furchtbar umständlich. Anstatt in irgendwelche Bäche und Weiher zu hüpfen, haben sie in ihren Häusern diese Wannen, die sie dann noch jeden Tag putzen und wienern, damit sie möglichst schön glänzen, obwohl sie eh kaum jemand zu Gesicht bekommt.

Am nächsten Tag war ich ziemlich nervös, weil ich unbedingt Natascha von meinem Ausflug erzählen wollte. Ich hab unruhig geschlafen, bin früh aufgewacht, und das auch lange vor den Zweibeinern, was mich gewöhnlich ziemlich nervt, weil ich dann nicht aus dem Haus rauskann. Und vorsichtig aufwecken geht schlecht, weil sie immer die Schlafzimmertür geschlossen haben. Das haben sie sich schnell angewöhnt, als ich noch jünger war und frühmorgens immer zum Bett gekrabbelt bin und ihnen die Schnauzen abgeleckt habe.

Den ganzen Vormittag schlich ich am Zaun hin und her und peilte rechts und links die Straße entlang. Zwischendurch watschelte James mit seiner Zweibeinerin vorbei, stand am Zaun und verkündete, dass seine Magenprobleme endlich wieder weg waren.

Ich erzählte ihm von meinem Ausflug, was ihn offensichtlich nicht sehr beeindruckte. „Hört sich gut an, wäre mir aber zu stressig", grummelte er in mein Ohr. Na ja, Bassets sind eben keine Windhunde.

„Du solltest es einfach mal versuchen. Du kannst ja mal einen Ausflug machen, wenn deine Zweibeinerin gerade in der Badewanne oder beim Friseur ist. Die merkt das gar nicht, dass du weg bist. Und du musst so lange wegbleiben, dass sie sich freut, dass du überhaupt wiederkommst."

Er schaute mich einen Augenblick etwas konzentriert an, überlegte offensichtlich und meinte dann nur: „Kann schon sein."

Mehr kam nicht von ihm. Mit ihm würde ich eine Abenteuertour nicht machen wollen, dachte ich in dem Moment, da schlaf ich unterwegs ein.

James setzte seinen Spaziergang fort, und ich kroch zurück zur Terrasse, wo ich drüben die Nachbarkatze erblickte. Sie stand nah am Zaun, starrte auf mich und wedelte mit dem Schwanz. Ich kenne das. Ich bin ja nicht blöd. Katzen sind merkwürdige Viecher. Wenn unsereins mit dem Schwanz wedelt, dann freut er sich. Wenn Katzen mit dem Schwanz wedeln, sind sie gestresst, genervt und auf alle Fälle schlecht gelaunt. Also Vorsicht.

Ich hab ja schon erzählt, dass für uns Hunde Körpersprache extrem wichtig ist. Die Zweibeiner haben dafür sogar eigene Experten, die sich nur mit unserer Körpersprache und unserem Verhalten beschäftigen. Meistens beim Fressen und bei der Fortpflanzung. Für diese Experten sind das die wichtigsten Tätigkeiten.

Für uns auch. Es gibt ja, was von euch Zweibeinern die wenigsten wissen, Untersuchungen, die herausgefunden haben, dass wir Hunde oft recht menschliche Verhaltensweisen haben und uns sehr gut an den Menschen orientieren können. Humanoide Intelligenz nennen die das, und da sind wir sogar den Schimpansen und Gorillas überlegen. Dabei sind die doch mit den Zweibeinern verwandt. Da kann man mal sehen, was die Zweibeiner an uns haben. Und eine der meistunterschätzten Intelligenzbestien ist – na, wer wohl? – natürlich der Dackel. Doch davon später mehr.

An diesem Vormittag war ich, wie gesagt, etwas angespannt. Ich wartete einige Stunden auf Natascha, die aber nicht auftauchte. Es kamen in mir Gedanken auf, wie am Vortag einfach durch den Zaun zu verschwinden, aber erstens hätte ich da Ärger bekommen, und zweitens war der Zaun an unserem Haus ziemlich stabil aus Holz gebaut und der Boden nach den trockenen Tagen recht hart. Ich hätte lange buddeln müssen, was meinen Zweibeinern bestimmt irgendwann aufgefallen wäre.

Meine Zweibeinerin ist dann endlich und für normale Verhältnisse wirklich spät mit mir auf Tour gegangen. Gleich auf der Straße habe ich fest Richtung Park gezogen, weil ich wusste, dass Natascha oft dort war.

„Was ist denn mit dir los? Was ziehst du denn so?", ging mich die Zweibeinerin leicht genervt an. Ich war wirklich ungeduldig und wollte nicht an irgendwelchen Bäumen die Zeit vertrödeln, wo irgendwelche fremden Hunde ihre Duftmarken hinterlassen hatten. Das interessierte mich an diesem Tag wirklich nicht. Ich war nur beseelt von dem Gedanken, dass ich Natascha zeigen musste, dass ich es ernst mit ihr meine.

Mir war ja schon länger klar, dass ich nach unserem Umzug ein neues Leben aufbauen musste. Dazu gehören ein Revier, Hunde, die du magst, und Hunde, die du nicht magst. Du brauchst das, was Zweibeiner als ein Netzwerk bezeichnen. Und dazu gehört vor allem eine Partnerin wie Natascha. Eine, die du begehrst, die deine Gefühle in Wallung bringt und mit der du zusammen etwas für die Ewigkeit machst. Möglichst viele kleine Hunde.

Endlich waren wir am Park, kamen direkt zur Sandkiste, was mich nicht interessierte, weil ich dort immer an der Leine bleiben muss. Also zog ich weg von der Kiste Richtung Wald, wo mich die Zwei-beinerin eigentlich immer frei laufen lasst. Endlich habe ich die Fährte von Natascha aufgenommen. Sie war noch ziemlich frisch, und wenn ich Glück hätte, dachte ich in dem Moment, dann wäre sie hier noch unterwegs. Ich kannte die Bäume und Sträucher, die sie am liebsten mochte.

Als die Zweibeinerin endlich die Leine weg-knipste, bin ich im Sprint in die Richtung gelaufen. Die Fährte wurde immer besser, und dann hab ich sie gesehen. Mit einem anderen Hund. Ich spürte, wie sich meine Nackenhaare aufstellten und sich mein Puls beschleunigte. Ich lief in ihre Richtung, bekam leichte Panik und sah, wie ein schwarzer Pudel mit kupiertem Schwanz um sie herumzitterte. Immer wieder setzte er seine Nase an ihr Fell, um zu sehen, wie sie reagierte. Sie ging dann auf Distanz, was für mich wieder ein gutes Zeichen war.

Ich war keine 30 Meter entfernt, da bellte ich ihr zu: „Ich bin's, Natascha. Komm zu mir."

Sie zuckte, als sie mein Bellen hörte, sah in meine Richtung, stockte kurz und bewegte sich langsam auf mich zu.

Das war für mich in Ordnung. Hündinnen müs-sen immer reserviert sein gegenüber uns Rüden und nicht zu viel Zuneigung zeigen.

Ich kam in ziemlich scharfem Galopp auf sie zu, musste bremsen, damit ich sie nicht über den Hau-fen rannte. Der Pudel stand etwas ratlos ein paar Meter hinter uns.

Natascha wedelte kurz mit ihrem Schwanz, was ich entsprechend erwiderte. Dann blieb sie neutral stehen und ließ mich kurz an ihr schnüffeln. Sie bewegte sich etwas von mir weg, drehte sich in eine andere Richtung. Ich verfolgte sie, wollte aber nicht zu aufdringlich sein.

„Ich freu mich so, dich zu sehen", raunte ich ihr zu. Sie sagte nichts.

Ich schnüffelte wieder ein wenig und setzte nach. „In deiner Gesellschaft fühle ich mich so wohl. Ich glaube, wir zwei passen gut zusammen." Von ihr kam ein kurzes wohlwollendes Grummeln.

Plötzlich sah ich etwas Schwarzes hinter ihr. Der Pudel hatte noch nicht aufgegeben. Er steckte seine Schnauze an ihr Hinterteil, sie zuckte, und ich ging zum Angriff über, schnappte kurz nach seiner wollenen Flanke.

Der Pudel nahm das gar nicht wahr. Seine Gedanken waren ganz woanders. Blitzartig schoss es mir in den Kopf: Du musst ihr jetzt zeigen, was sie dir wert ist. Und wenn du beim Tierarzt landest. Das spielte jetzt keine Rolle.

Natascha nahm nun eine neutrale Rolle ein. Als ob sie sagen wollte: Jetzt seid ihr Rüden dran. Zeigt mal, was ihr zu bieten habt.

Ich knurrte laut und fest den Pudel an, der das immer noch ignorierte. Er war ein Stück größer und schwerer als ich, was mir in dem Moment völlig gleichgültig war. Ich ging mit allen Vieren kurz in die Knie, schnappte nach vorne und biss in seine Flanke.

Meine Zähne vergruben sich in seiner Wolle. Ich verstärkte den Druck, bis ich sein Fleisch spürte und er zusammenzuckte und sich wegriss. Er jaulte auf, drehte sich um seine Achse und setzte zum Gegenangriff an. Ich duckte mich weg, Er aber erwischte mich am rechten Ohr. Ich spürte einen stechenden Schmerz und wie mir kurz darauf das warme Blut über den Kopf lief. Auch das war mir in diesem Augenblick egal. Ich drehte mich nach rechts und landete unter dem Pudel, erwischte ihn mit meinen Kiefern am Unterbauch. Der Pudel fiepte wie eine Sirene und machte einen Satz nach hinten. Ich bellte ihm laut und aggressiv hinterher. Er hat aufgegeben und verschwand hinter den Büschen.

Natascha stand seelenruhig daneben. „Das hätte ich dir gar nicht zugetraut", kam von ihr.

„Wenn mir etwas wichtig ist, dann mache ich eine ganze Menge", antwortete ich ihr und strahlte sie mit leuchtenden Augen an. Sie war offensichtlich beeindruckt, schaute mir in die Augen, ließ mich zur Anerkennung noch einmal an ihr schnüffeln, dann lief sie langsam weg zu ihrer Zweibeinerin.

Geschafft. Ich war zufrieden, auch wenn mein Ohr höllisch schmerzte und immer noch blutete.

Da hörte ich schon meine Zweibeinerin heranlaufen. „Rambo. Du verdammter Idiot." Sie nahm mich an die Leine, fasste mich am Kopf und tupfte das Ohr vorsichtig mit einem Papiertaschentuch ab. Ich zuckte jedes Mal zusammen vor Schmerz. „Wir müssen zum Tierarzt. Los, komm."

Sie zog mich weg, und wir gingen Richtung Haus zurück. Ich hatte kein Gefühl, was genau mit meinem Ohr geschehen war, aber es konnte nichts Gutes sein. „Das muss genäht werden. Da hängt ein ganzer Lappen weg", hörte ich meine Zweibeinerin. Mit apathischen Schritten trottete ich dahin.

Zu Hause setzte ich mich auf die Terrasse und fühlte nur noch Schmerz. An der Wunde lecken ging nicht. So lang sind die Ohren auch wieder nicht. Meine Zweibeinerin telefonierte, kam später mit einem neuen Tuch heraus und wischte das Blut ab, das auch auf den Boden getropft war und eine kleine, längliche Pfütze bildete. „Wir fahren jetzt zum Tierarzt." Auch das noch.

Sie ging mit mir zum Auto, holte eine alte Decke aus der Garage und breitete sie hinten aus, hob mich dann auf die Decke, wo ich mich zusammenrollte und einfach nichts mehr tat. Ich weiß nicht mehr, wie lange die Fahrt dauerte. Ich weiß nur noch, wie wir in das weiße, karge Wartezimmer kamen, wo es nach Chemie roch und nach Adrenalin. Zwischen Katzen, Hunden und Hamstern saß ich nun dort, wo mir immer am meisten gegraust hatte. Meine Zweibeinerin tupfte immer wieder ganz vorsichtig an meinem Ohr. Was Körperpflege angeht, da ist sie wirklich gut und da hat sie auch sensible Händchen. Das muss man mal sagen.

Es dauerte nicht lange, dann ging sie mit mir in ein anderes, leeres Zimmer. Dort stand in der Mitte ein großer Tisch und es roch unangenehmer nach

Chemie. Ich zitterte. Es kam eine Frau im weißen Kittel auf mich zu, fasste mich unter den Vorderläufen und setzte mich auf den Tisch. Ich zitterte noch mehr. Sie tupfte mit einem feuchten Tuch an meinem Ohr. Ich knurrte und schnappte nach ihr.

„Ganz ruhig", sagte sie mit tiefer Stimme, was mich wohl beruhigen sollte, aber wirkungslos blieb.

Dann kam ein Mann mit einem weißen Kittel, stellte sich hinter meinen Kopf, schaute sich das Ohr an und fixierte mich mit seinen großen Händen. Ich vibrierte von oben bis unten. Irgendwann spürte ich einen Nadelstich und zuckte zusammen. Danach kann ich mich an nichts mehr erinnern.

Als ich wieder aufwachte, lag ich zu Hause in meinem Korb und war total benommen. Mein Körper war wie gelähmt, ich konnte nicht einmal bellen, geschweige denn aufstehen und laufen. Ich hab die meiste Zeit geschlafen und geträumt, von Zweibeinern mit riesigen Nadeln in der Hand. Von Pudeln, die nach mir schnappen. Und von Natascha, die mich mit ihren wunderschönen Augen anschaut und sagt: „Du bist mein Auserwählter."

Was war nur los mit mir? War ich jetzt verrückt geworden? War ich von einem Mörderpudel zum Krüppel gebissen worden? Würde ich Natascha jemals wiedersehen?

Am nächsten Morgen schmerzte das Ohr immer noch, aber es ging mir schon besser. Meine Zweibeinerin brachte mir Kekse und eine Schüssel mit

Wasser. Mittags bin ich dann mit klapprigen Beinen in den Garten hinausgegangen, habe in den Büschen endlich mal Wasser lassen können. Langsam wurden auch meine Gedanken wieder klarer, und mir wurde bewusst, was geschehen war. Es war eigentlich etwas ganz Normales. Ich habe um meine Angebetete gekämpft. Und ich habe gewonnen und ihr gezeigt, was sie mir wert ist.

Ich weiß nicht, ob Zweibeiner das verstehen. Angeblich haben die männlichen Zweibeiner das früher auch gemacht. Heute sieht man das kaum mehr. In der Großstadt soll es bei jungen Leuten so ähnlich vorkommen, wobei es Zweibeiner gibt, die sich um die Zweibeinerinnen prügeln, und wenn sie die dann erobert haben, dann verprügeln sie sie auch noch. Was du als Hund nur schwer verstehen kannst. Das Zwischengeschlechtliche ist bei uns ganz anders als bei euch. Wir sind, wie so oft im Leben, da viel direkter und natürlicher. Menschen geben sich dagegen wieder einmal unendlich kompliziert.

Wenn sich bei uns zwei kennenlernen, dann gibt es ganz klare Regeln. Du gehst als Rüde auf sie zu, beschnüffelst sie. Wenn die Hündinnen aufnahmebereit sind, dann erkennst du das sofort an ihrem Duft, und der kann dich verrückt machen. Wenn du ihr dann begegnest, hängt alles davon ab, ob sie dich ranlässt. Die Damen tun nichts, sie lassen tun. Wenn sie noch den Schwanz etwas auf die Seite setzen, ist es klar. Dann geht es meistens ziemlich schnell zur Sache. Und dann sind wir auch recht schnell fertig.

Danach drehen sich die beiden Hauptdarsteller zur Seite und chillen noch, ein halbes Stundchen vielleicht. Je nach Laune. Das war's eigentlich. Und das ist nicht so wie bei den Zweibeinern, wo sich das alles über Wochen hinziehen kann und die für das eine so viel Drumherum inszenieren, obwohl dann oft gar nichts läuft. Der Hund versucht es und erfährt ziemlich schnell, ob etwas geht oder nicht. So einfach kann das Leben sein.

Zweibeiner verstehen nur wenig von unseren zwischenmenschlichen Gewohnheiten. Einmal habe ich es erlebt, wie ein Labrador an das Hosenbein einer Zweibeinerin rangegangen ist und sich über das Bein hergemacht hat, wie wenn das eine Hündin wäre. Die Zweibeinerin hat laut gequiekt wie ein Ferkel, ihr Zweibeiner hat den Labrador weggerissen und geflucht. Als ob ein Labrador nicht wüsste, was ein Hosenbein ist. Er hatte einfach Spaß damit und wollte zeigen, dass er der Chef im Raum ist, der Rudelführer. Und nur Chefs dürfen den Damen an die nicht vorhandene Wäsche. Das ist bei uns Hunden ungeschriebenes Gesetz. Und was mich anging, war ich zwar ziemlich geschunden, aber glücklich. Anscheinend war ich bei Natascha einen wichtigen Schritt weitergekommen. Ich durfte jetzt nur den Anschluss nicht verlieren.

Der Hund ist ein Hund.
Oder doch nicht?

Die Zweibeiner haben sehr spezielle Vorstellungen, wie ein Hund zu leben hat. Und die haben mit normalen Hundegewohnheiten nicht viel zu tun. Du sollst demnach fressen wie ein Mensch. Vielleicht nicht gerade mit Messer und Gabel, aber so, dass keine Krümel und Fleischbrocken sich im Zimmer verteilen. Du sollst nur mit sauberen Pfoten ins Haus laufen, darfst nicht furzen und so gut wie nie Freunde mitbringen. Wenn du dann mal versuchst, einige Dinge zu tun, die die Zweibeiner gerne machen, wie zum Beispiel abends auf dem Sofa zu liegen, im Bett zu schlafen oder von den Tellern im Esszimmer zu fressen, dann gibt es wieder Ärger.

Die Zweibeiner sind für einen jungen Hund schwer auszurechnen. Aber es geht. Es braucht nur seine Zeit, bis du sie mit ihren Gewohnheiten verstanden hast. Dann kommen dir die Zweibeiner recht einfach und übersichtlich vor.

In dieser Phase bin ich inzwischen angekommen. Wobei ich sagen muss, dass es immer ein Restrisiko gibt, was viel damit zu tun hat, wie die beiden untereinander auskommen.

Früher habe ich immer einen mächtigen Schrecken bekommen, wenn einer von beiden losgebrüllt hat, weil ich auf die Terrasse gepinkelt, in eine Blumenvase gespuckt oder weil ich ihnen beim Abendessen eine Scheibe Wurst vom Teller gezogen habe.

Heute bin ich da viel gelassener. Ich kenne sie ja. Die Zweibeinerin legt großen Wert auf Etikette. Bei ihr muss alles immer pieksauber sein, und sie macht viel Aufhebens um ihr Aussehen. Er ist da nicht so anspruchsvoll und eher legerer. Ich denke, dass das auch damit zu tun hat, dass sie zu Hause arbeitet und er ins Büro fährt. Wenn er dann heimkommt, ist er müde und will seine Ruhe haben. Sie hockt den ganzen Tag am Schreibtisch daheim und will dann was erleben. Da gibt's schon öfters Streitereien, und sie wirft ihm vor, dass sie noch zu jung sei, um nur zu Hause zu hocken. Er schüttelt dann nur den Kopf und geht in ein anderes Zimmer.

Menschen haben die merkwürdige Angewohnheit, dass sie in der Jugend älter sein wollen, und wenn sie dann endlich alt sind, dann ist es auch nicht recht. Dann wollen sie wieder jung werden.

Bei uns Hunden ist das ähnlich, aber doch ganz anders. Als junger Hund bist du neugierig und verspielt, hast aber mächtig Respekt vor den Alten und vor den großen Hunden. Da wünschst du dir, älter und stärker zu sein. Später, wenn du älter bist, ich kenne das von einigen Berliner Hundekollegen, willst du einfach nur deine Ruhe haben, fressen und schlafen und vielleicht hin und wieder eine Hündin beglücken. Und du willst von den jungen Hunden in Ruhe gelassen werden.

Zweibeiner suchen, wenn sie alt sind, immer Kontakt mit Jungen und wollen mit ihnen viel Zeit verbringen und von ihnen anerkannt werden. Nur die wollen mit den Alten nichts zu tun haben. Vielleicht sollten sich die Zweibeiner ein wenig an die Hunde anpassen. Dann hätten sie weniger Frust.

Wie auch immer. Nach unserem Umzug habe ich mich gefragt, warum sich meine Zweibeiner für mich Dackel entschieden haben. Langsam glaube ich das zu verstehen. Sie wollten einen Hund, der nicht modisch sein sollte, keine Rasse, die jeder haben will. Und Dackel waren ja einige Jahre so richtig out. Außerdem sollte es einer sein, der handlich ist und den man auch mal im Handgepäck mitnehmen kann, was bei einer Dogge oder einem Rottweiler eher schwierig ist.

Wenn du mit einem Dackel in ein feines Restaurant gehst, was sie mit mir in der Großstadt öfters gemacht haben, dann kümmert sich kaum einer darum. Wenn du mit einer Dogge reinkommst, fallen sie alle vom Stuhl und wollen ihre Teller in Sicherheit bringen.

Ich glaube auch, dass meine Zweibeiner dem Dackel an sich ziemlich deutsche Tugenden zuordneten. Zuverlässigkeit, Fleiß, Aufrichtigkeit. Das stimmt aber nur teilweise. Das mit dem Fleiß zum Beispiel ist eher eine Hoffnung. Die Zuverlässigkeit dagegen hängt sehr von der Motivation ab.

Wir waren ja früher zusammen in der Hundeschule, wo die beiden gelernt haben, dass sie mich nach meinen Taten immer belohnen müssen. Aber heute machen sie das fast gar nicht mehr, weil sie wohl glauben, dass ich das in der Schule Gelernte jetzt von selbst tun soll. Dass der Dackel an sich aber auch stur und eigensinnig sein kann, das haben sie als naturgegebene Selbstverständlichkeit immer noch nicht verstanden.

Nach meinem Liebeskampf für Natascha bin ich dann zuerst mal auf Rekonvaleszenz gewesen. Die Zweibeinerin war offensichtlich angefressen wegen meiner Eskapaden. Auch wegen der Tour mit Alfred zum FKK-Strand. „Du musst dein Leben ändern", sagte sie streng und dann: „Nein, *wir* müssen dein Leben ändern." Ich durfte nur wenig raus, was mich ziemlich geärgert hat, weil ich doch den Kontakt zu Natascha ausbauen musste. Andererseits war ich mit dem lädierten Ohr auch gehandicapt, und eine zweite Rauferei hätte mir nicht gut bekommen. Ich meine, welche schicke Hundedame will sich mit einem einohrigen Dackel zusammentun?

Ein klein wenig Trost kam von James, dem Basset. Er hat vormittags vorbeigeschaut und sich ungewöhnlich lang mit mir unterhalten. „Was ist mit deinem Ohr passiert?" fragte er mich.

Ich habe ihm daraufhin von meinem Kampf mit dem Pudel erzählt.

„Den kenn ich", sagte er, „er wohnt zwei Straßen weiter hinten neben der Bäckerei. Er ist nicht sehr intelligent, macht aber immer eine Menge Wirbel."

Nun ja. Eine Menge Wirbel aus der Sicht des Bassets, das hat wirklich nicht viel zu bedeuten. Der Pudel macht mir nicht viel Sorgen. Gut, dass er in meiner Abwesenheit vielleicht Natascha bedrängen könnte, gefiel mir natürlich nicht. Vielleicht könnte ich James dazu überreden, auf Natascha ein wenig aufzupassen. Dass er mir Konkurrenz machen würde, ist wohl eher unwahrscheinlich. Was will Natascha mit einem solchen Langweiler.

Das größere Problem sind meine Zweibeiner. „So kann es mit dir nicht weitergehen", hat sie mich angepfiffen. Seitdem ist sie ziemlich streng, lässt mich kaum raus, und auch ihre üblichen Streichel-einheiten sind seltener geworden. Ich meine, ich bin verletzt, im Krankenstand. Ich brauche doch etwas Zuwendung und nicht nur Strafen. Aber Zweibeiner sind da anders.

Am nächsten Tag ist sie endlich mal mit mir wieder halbwegs normal Gassi gelaufen. Wir sind die Straße entlang vor zum Park, wo ich hinter dem Sandkas-ten James traf und ihm gleich von meinem Plan erzählte.

Er guckte mich ganz merkwürdig an und sagte: „Wieso brauchst du mich? Du bist doch wieder drau-ßen. Außerdem hab ich dann den Pudel an der Backe, und das brauch ich gar nicht."

Mir war klar, dass ich meine Probleme allein lösen musste. Ich musste strategisch vorgehen und mir mehr Freiheiten verschaffen. Natascha habe ich an diesem Tag nicht getroffen. Sie war vorher da, was mir die Gerüche an den Bäumen neben dem Sand-kasten verraten haben.

Die Zweibeinerin hat mich nie von der Leine gelassen. Das ist der neue Kurs. Zu Hause wurde sie wieder streng: „Morgen gehen wir zum Hundepsychiater!" Ich war sprachlos. Hundepsychiater. Hundeschule, das lasse ich mir noch eingehen. Wenn's richtig wehtut, gehe ich auch zum Tierarzt. Aber wozu brauche ich einen Psychiater? Ich bin ein Dackel und kein Zweibeiner. Die brauchen Psychiater, weil sie mit ihrem Hygiene- und Klamottenfimmel völlig überfordert sind.

Ich musste etwas tun. Ich entschloss mich, bei nächster Gelegenheit ein heimliches Loch am Zaun zu buddeln, dass ich im Notfall abhauen konnte. Natascha zuliebe.

Am nächsten Morgen hat mich die Zweibeinerin samt Korb ins Auto verfrachtet und ist recht hektisch losgefahren. Es war eine ziemlich lange Fahrt weg vom See, vorbei an den Bergen in eine große Stadt. Es sah ähnlich aus wie in unserer alten Heimat, nur dass die Leute etwas anders sprachen. Mehr wie die Bayern am See. Aber richtige Bayern waren sie nicht. Wir parkten vor einem hohen Haus, gingen ein paar Meter. Ich natürlich an der Leine. In der Stadt ist das immer so. Wir fuhren mit einem Lift weit hinauf und landeten bei einem Tierarzt. Allerdings einem, bei dem es ziemlich vornehm zuging.

Wir saßen in einem Wartezimmer neben einer jungen Frau mit langen schwarzen Haaren, viel Metall im Gesicht und einer Tasche, aus der ein blasser West-Highland-Terrier rausblickte. Gegenüber machte sich ein älterer Mann breit, der neben sich an der Leine einen Airedale-Terrier hatte. Das sind diese großen Terrier, die meistens mit Leuten unterwegs sind, die sehr distinguiert und eher vornehm aussehen. Der Mann hatte einen dunklen Anzug mit einem Einstecktuch, roch nach Rasierwasser und hielt den Terrier kurz an der Leine. Der Terrier sah mich und knurrte. „Verwöhntes Vieh", dachte ich und ließ mich nicht ablenken.

Es sollte eine Zeit dauern, bis uns eine ziemlich gut aussehende junge Blondine mit hochhackigen Schuhen und kurzem Rock abholte und zum Tierarzt brachte. Ein dicker Mann mit wenig Haaren, einer runden Brille mit massigen Gläsern, der mich zu sich hinzog, mir in die Augen schaute und langsam und leise redete. Ist der nun Tierarzt oder Psychiater, überlegte ich. Dass es Psychiater für Hunde gibt, das war mir bis vor Kurzem unbekannt, und ich war neugierig und auch unsicher.

Bislang schien er mir harmlos. Er musterte meinen Körper, blickte ziemlich lang auf mein ramponiertes Ohr und stellte meiner Zweibeinerin einige Fragen nach meinem Fressverhalten und ob ich Hundefreunde hätte. Er kam näher und tastete meine Beine und Pfoten hab, schaute in meine Ohren. Er roch ziemlich stark aus dem Mund, etwas säuerlich mit einer Knoblauchnote. Und er redete immer noch leise. Meine Zweibeinerin rutschte ungeduldig auf dem Sessel hin und her und wusste wohl nicht, wie sie sich verhalten sollte. Ich war natürlich nervös. Als Hund beim Tierarzt bist du immer nervös, weil du nie weißt, was die Weißkittel mit dir vorhaben.

Am Schluss fasste mich der Dicke beim Ober- und Unterkiefer, sperrte mein Maul auf und blickte neugierig auf meine Zähne. Er redete dann etwas lauter mit meiner Zweibeinerin und erzählte von einer Therapie, von Diagnoseuntersuchungen, Verhaltensanalysen und Therapieplan.

Meine Zweibeinerin wurde blass und fragte den Dicken nach den Kosten. Er machte eine Pause und grummelte etwas, das ich nicht verstand. Meine Zweibeinerin verdrehte die Augen, stand auf, schüttelte dem Dicken die Hand und nahm mich an der Leine. Wortlos ging sie mit mir zum Auto, und auch beim Heimfahren hat sie kaum mit mir geredet, wie sie es sonst oft macht, wenn sie mit mir allein im Auto ist. Ich saß hinten und war froh, dass ich ohne Spritze aus der Tierarztpraxis rausgekommen bin. Das allein war für mich ein Erfolgserlebnis.

Zu Hause bin ich gleich in den Garten gelaufen und wollte checken, wo ich am besten ein kleines Loch buddeln kann, ohne dass es die Zweibeiner merken. Buddeln ist für einen Dackel so normal wie Fressen und Gassigehen.

Die beste Stelle, das wurde mir schnell klar, war ganz links beim Zaun zum Garten der Nachbarkatze. Die dichte Hecke sollte mich halbwegs schützen, und die Erde war auch einigermaßen weich und gut zum Graben.

Abends saßen meine beiden Zweibeiner beim Essen am Tisch, und sie erzählte ihm von unserem Ausflug. Er hörte wortlos zu, scharrte mit den Füßen am Boden und vergaß bald, dass er einen vollen Teller Spaghetti vor sich hatte. Als sie ihn über die Kosten informierte, steckte er die Gabel mit einem Schwung in die Nudeln und sagte trotzig: „Das geht gar nicht." Mir war klar, dass der Ausflug zum Hundepsychiater damit beendet war. Für den Rest des Abends war ich beruhigt. Nur Zweibeiner brauchen Psychiater. Aber keine Hunde.

Am nächsten Morgen schickte mich mein Zweibeiner zum Geschäft in den Garten. Es regnete, und er wollte nicht raus. Ich hab die Gelegenheit genutzt und gleich zu graben begonnen. Drinnen hat der Zweibeiner dann geflucht, weil meine Pfoten ziemlich viel Dreck auf dem Küchenboden hinterlassen haben. Da musste ich mir noch was einfallen lassen.

Später hab ich mich noch mit James unterhalten, der seine übliche Runde machte. Ich beschrieb ihm, wie es beim Hundepsychiater war. „So ein Blödsinn", blaffte er. „Mit mir sind sie mal zum Hundeosteopathen, weil sie geglaubt hatten, dass mit mir was nicht stimmt, weil ich mich so langsam bewege", verriet mir James und erzählte für seine Verhältnisse ungewöhnlich viel. „Der Typ hat an meinen Pfoten gezogen, bis es wehgetan hat, dann auf dem Rücken herumgedrückt, meinen Kopf gedreht und an der Wirbelsäule getastet und mit dem Finger gebohrt."

„Und, hat es was geholfen?", hab ich ihn gefragt.

Ganz auf seine Art antwortete er: „Das war schon nicht schlecht. Ich hab mich wirklich besser und schneller bewegen können. Aber ich hab's nicht getan, weil mir das keinen Spaß macht." Seine Zweibeiner haben viele Euros bezahlt und sind nie wieder zum Hundeosteopathen gegangen. Ich dachte mir, dass bei James dann doch eher der Psychiater angebracht wäre. Alles psychisch bei dem lahmen Dicken.

Am Vormittag habe ich noch etwas weitergebuddelt. Ich habe mir eine Strategie zurechtgelegt, dass ich immer wieder kurze Zeit grabe, dann wieder aufhöre. Wenn ich zu lange beim Buddeln bin, dann könnte das leichter auffallen. Auf der Wiese hab ich dann meine Pfoten im Gras von der Erde befreit.

Allmählich hat sich auch das Verhältnis zu meinen Zweibeinern normalisiert. Am nächsten Tag ist die Zweibeinerin auch etwas länger Gassi gelaufen, hat mich vorne im Park von der Leine gelassen. Ein paar Minuten später kam Natascha mit ihrem Zweibeiner im Trainingsanzug, der sich wieder auf meine Zweibeinerin konzentrierte, sie von Weitem anstarrte und ihr ein falsches Lächeln zuwarf. Sofort drängte er ihr wieder ein Gespräch auf, fragte sie nach ihren Lebensgewohnheiten und erzählte davon, dass es doch so viel schöner sei, wenn man zu zweit, also zu viert genau genommen, Gassi gehen würde. Ich musste grinsen, was die beiden nicht bemerkten, lief dann sofort zu Natascha, die mich anstrahlte. „Wie geht's deinem Ohr?", fragte sie mich.

„Halb so schlimm", antwortete ich. „Der Tierarzt hat es wieder zusammengeflickt. Tut auch nicht mehr weh."

„Du bis ein echter Kämpfer. Das gefällt mir", flötete sie mir zu.

Ich spürte, wie mein Kopf heiß wurde und ich eine Bellblockade bekam. Ich röchelte mühsam: „Für dich mach ich das gerne."

In der Zwischenzeit haben sich meine Zweibeinerin und Nataschas Chef auf die Bank gesetzt, was ich ziemlich gut fand. Natascha und ich sind zu einigen nahen Sträuchern gelaufen und haben ein wenig rumgeschnüffelt. Sie hat mich auch an ihr Fell rangelassen. Nicht sehr lange, dann drehte sie sich weg. Hundemädels geben sich halt immer etwas schüchtern. Ganz vorsichtig habe ich sie dann gefragt, ob sie den Pudel wieder getroffen hätte. „Nein, der interessiert mich auch nicht", verriet sie mir.

Der Trainingsanzug hat in der Zwischenzeit seinen Arm auf die Bank direkt um meine Zweibeinerin gelegt und seinen Kopf nah an ihrem Ohr postiert, dass er mit der Nase fast in ihr Ohr hineinriechen hätte können. Er hatte einen roten Kopf auf und scharrte mit seinem rechten Fuß nervös im Sand. Meine Zweibeinerin hat ihren Oberkörper schräg von ihm weggedreht. Eindeutige Körpersprache. Dass sie nicht aufstand, deutete an, dass sie wohl nicht ganz abgeneigt schien. Für uns beide war es eine wunderbare Zeit. Wir sind im Park herumgetollt, haben uns beschnüffelt und gespielt. So schön kann das Leben sein. Dafür braucht man keinen Hundepsychiater und keinen Osteopathen. Einfach das tun, was einem Spaß macht.

Dass die Zweibeinerin sich offensichtlich mit dem Trainingsanzug verstand, kam mir natürlich sehr entgegen. Ich wusste aber nicht, wohin das führen konnte und ob das nicht Stress zu Hause geben würde. So wie mit mir und dem Pudel.

Liebe geht manchmal seltsame Wege

Die folgende Woche war für mich doch ziemlich abwechslungsreich und aufregend. Nach dem Besuch beim Hundepsychiater hatte die Lage sich wieder etwas beruhigt. Meine Zweibeiner haben ihren Aktionismus schnell abgelegt. Sie haben kapiert, dass ihre Therapiemaßnahmen erstens teuer und zweitens von eher zweifelhaften Erfolgsaussichten waren.

Vielleicht dachten sie jetzt mehr daran, dass ein Hund doch ein Hund ist und kein vierbeiniger Ableger des Menschen. Als Hund bist du irgendwie ein Luxussklave. Du hast keine Existenzprobleme und im Grundsatz viel Komfort. Du musst dich nicht darum kümmern, dass du ein Dach über dem Kopf und abends ein kuscheliges Körbchen hast. Das Essen wird dir täglich pünktlich mundgerecht serviert. Sie führen dich regelmäßig spazieren, und wenn es dir schlecht geht, wirst du zum Hundedoktor chauffiert. Ich meine, es gibt nicht viele Zweibeiner, denen es so gut geht.

Nur: Auf alles, was darüber hinausgeht, hast du als Hund keinen Einfluss, oder sagen wir besser, sehr wenig. Wo du wann hinläufst, mit wem du dich wann triffst, das alles hängt vom Wohlwollen der Zweibeiner ab, und die machen sich wenig Gedanken darüber, wonach ihrem Hund gerade sein könnte. Dass ein Hund mal verliebt sein könnte oder dass es ihm sauschlecht geht, ich will jetzt nicht sagen hundeelend, wenn er unter dem Tisch im

Gasthaus liegt, stundenlang nichts zu beißen bekam und die Zweibeiner oben Schnitzel und Schweinsbraten schaufeln.

Natascha und ich, wir sahen uns jetzt regelmäßig an den Wochenenden. Das könnte damit zusammenhängen, dass Nataschas Trainingsanzug schon darauf wartete, bis ich mit meiner Zweibeinerin Gassi ging. Es würde mich nicht wundern, wenn er uns regelmäßig auflauerte. Er kam immer alleine mit Natascha und tauchte, wenn wir unterwegs waren, jedes Mal ziemlich schnell auf. Die dicke Dunkelhaarige, die mit Natascha in der Stadt war, hab ich seitdem nicht mehr gesehen. Es war wohl wie bei uns, dass einer Gassi geht und der andere keine Lust hat.

Wir haben uns auch darüber unterhalten. „Ich finde es ganz praktisch, dass dein Trainingsanzug offensichtlich Kontakt zu meiner Zweibeinerin sucht. So sehen wir uns viel öfter."

Natascha schaute mich an, überlegte und erwiderte: „Typisch Rüde. Natürlich hat das Vorteile, aber ich glaube nicht, dass das dein Zweibeiner zu Hause gut findet. Und meine Zweibeinerin im Prinzip auch nicht, aber die hat da schon einiges durchgemacht."

In diesem Moment habe ich mir gedacht, dass weibliche Wesen in Beziehungsfragen doch anders ticken. „Das mag schon sein, aber ändern können wir es eh nicht, und da sollten wir das Beste daraus machen", war meine Antwort. Sie sagte nichts, und ich wusste nicht, wie ich das deuten sollte.

Das Problem sollte auch bald keines mehr sein. Zumindest für die nächste Zeit. Meine beiden Zweibeiner saßen abends lange zusammen und blätterten in Prospekten, suchten am Computer stundenlang irgendwelche Angebote, bei denen es um Berge, um Hotels und um Wandern ging. Berge kenne ich nur von Weitem, seitdem wir an den Chiemsee gezogen sind, und ich finde sie nicht sehr anziehend. Ich meine, ich bin kein Bernhardiner und auch kein Windhund, und bis ich mit meinen kurzen Beinen da raufkomme, vergehen Monate.

In einem Hotel war ich nur einmal, als meine beiden Zweibeiner zu einem Wellnesswochenende an die Ostsee gefahren sind. Die Spaziergänge am Meer waren sehr fein mit vielen Gerüchen und interessanten Fundstücken – was das Wasser eben so ans Ufer spült. Nur haben sich die beiden ziemlich aufgeregt, wenn ich an einem toten Fisch geschnüffelt habe oder den Möwen nachgejagt bin. Im Hotel war es tödlich fad, weil du als Hund so gut wie nichts tun darfst und immer nur brav irgendwo liegen und hocken musst.

Und das Wandern? Da hatte ich eine eher vage Vorstellung, dass es irgendwas mit langen Spaziergängen zu tun hat, was nicht schlecht sein muss, und vielleicht auch mit den Bergen, was dann nicht so gut sein dürfte. Meine Ahnungslosigkeit sollte sich bald ändern, denn die beiden planten eine Urlaubsreise für ein paar Tage in die Berge. Und in ein Hotel und zum Wandern. Ich war skeptisch.

Einige Tage später klingelte sehr früh der Wecker, und meine Zweibeiner sprangen recht hektisch aus ihren Betten. Kleiderschränke wurden ausgeräumt und die Sachen in zwei große Taschen gestopft. Es ging also los. Sie schleppten ihre Taschen in das Auto, das schon vor der Tür stand. Nach einem schnellen Frühstück warf die Zweibeinerin noch einige Dosen Hundefutter und Hundekekse in eine Tüte, die dann ebenfalls im Kofferraum verschwand. Anschließend ging sie mit mir ein letztes Mal Gassi, während er noch am Auto rumbastelte und fluchte. Sie kramte dann in ihrer Handtasche, die sie im Badezimmer fand, und suchte das Handy, das dummerweise nicht in der Handtasche war. Als sie es in der Küche neben dem Brotkasten unter einer alten Zeitung gefunden hatte, schnaufte sie tief und fest, ging direkt auf mich zu und wuchtete mich in das Körbchen auf den Rücksitz. Der Zweibeiner stand daneben, verdrehte die Augen und sagte dann kurz: „Ich muss aufs Klo." Worauf sie die Augen verdrehte und wieder fest schnaufte.

Urlaub ist eine menschliche Erfindung und findet im Leben eines Hundes eigentlich nicht statt. Zumindest hat das die Natur nicht vorgesehen. Vielleicht liegt das auch daran, dass wir Hunde mit unserem Leben nicht so unzufrieden sind, dass wir andauernd davor flüchten müssen.

Aber man könnte es auch ganz simpel erklären und sagen, dass sie einfach mal was anderes sehen wollen, was ich in Berlin gut nachvollziehen könnte.

Aber am Chiemsee ist das Leben nicht so schlecht und vor allem nicht so laut und eng. Aber vielleicht fehlt ihnen genau das.

Die Autofahrt war nicht sehr anstrengend und auch nicht arg lang. Nicht annähernd so lang wie die Umzugstour damals. Wir sind wirklich ziemlich in die Berge gefahren. „Ich war noch nie auf der Zugspitze", hat sie ihm irgendwann entzückt zugerufen. Worauf er ganz entspannt brummelte: „Das wird sich bald ändern, Schatz." Das klang nun auf eine gewisse Weise sehr wichtig, und ich vermutete, dass die Zugspitze etwas sehr Großes sein musste. Etwas, das für kleine Hunde sehr gewöhnungsbedürftig ist. Aber ich bin ja nicht irgendein Hund, sondern ein Dackel, ein Jäger vor dem Herrn und ein zäher Bursche, der weder Dachslöcher noch Zugspitzen fürchtet.

Wir sind schließlich in einem Ort gelandet, der Lermoos heißt, und hielten vor einem riesigen gelben Haus mit Türmchen an der Seite. Meine Zweibeiner sind aus dem Auto ausgestiegen, haben die Taschen aus dem Wagen gehoben, und dann kam schon ein fremder Mann mit einem Wagen, der ihnen die Taschen abgenommen hat, sie auf die Ladefläche stellte und in dem riesigen Haus verschwand. Hoffentlich kriegen wir die wieder, dachte ich, sonst gibt es schlechte Laune bei meiner Zweibeinerin. Aber die blieb gut gelaunt und stolzierte mit ihrer Handtasche in das Haus hinein. Drinnen standen beide an einem Tresen, schrieben etwas auf ein Papier, und die Frau auf der anderen Seite, die aussah wie eine junge Bäuerin aus Bayern, flötete: „Und für Ihren Hund berechnen wir zwanzig Euro pro Tag."

Für mich? Zwanzig Euro? Wofür? Wollten sie mich verkaufen? Ich wurde unsicher.

Unser Urlaubsquartier war kein Haus wie daheim, sondern ein Zimmer. Gut, ein großes Zimmer, es hatte ein Bad mit Wanne, ein Klo und einen Balkon. Aber wir waren alle in einem Raum, und das verhieß nichts Gutes, denn zu Hause kannst du dich zurückziehen, wenn einer nervt. Ich kann nach oben gehen, wenn unten der Fernseher wieder laut ist, weil sie im Fitnesstraining ist und der Zweibeiner seine doofen Actionfilme anschaut.

Aber hier waren wir eng aneinander. Alles in einem Raum und mittendrin ein Hund. Hotels sind einerseits unpraktisch, weil du nicht einfach zum Geschäftemachen in den Garten kannst, weil alles eng ist und viele Leute unterwegs sind und einiges für Hunde gesperrt ist. Das Schwimmbad zum Beispiel, da darfst du als Hund nicht rein, ins Restaurant oft auch nicht. Was aber nicht schlimm war in diesem Fall. Ich hab mein Futter auf dem Balkon serviert bekommen, wo ich dann in Ruhe furzen konnte. Im Hotelzimmer macht das nur Ärger. Das kenn ich von der Ostsee.

Andererseits gibt es in einem so großen Hotel viele interessante Gerüche. Überall duftet es nach Essen und anderen Leckereien.

Unser Urlaubsprogramm hieß dann Berge und Wandern. Meine beiden Zweibeiner haben sich ganz anders gekleidet als sonst. Schwere Schuhe, dicke Hosen und Jacken und ein Rucksack mit Getränken. Es sah nach Expedition aus. Und es wurde eine. Der Unterschied zwischen Gassigehen und Wandern ist der, dass die Zweibeiner beim Gassigehen keine große Eile haben und dich pinkeln und schnüffeln lassen. Beim Wandern haben sie ein Ziel, und das macht die Sache eher ungemütlich. Sie gehen schnurstracks bergauf, immer geradeaus, zählen andauernd die Meter und wie lange es noch zum Ziel ist. Für mich ist das Stress und kein Vergnügen.

Dabei sind diese Wege auf dem Berg das pure Abenteuer. Rechts und links sind so viele spannende und neue Gerüche. So viele Tiere, die ich nicht kenne, müssen hier unterwegs sein. Tiere, die man vielleicht jagen könnte oder die zum Spielen gut wären. Die mickrigen Nasen der Zweibeiner kriegen davon ja gar nichts mit. Das Einzige, das sie riechen können, sind die Dämpfe aus der Küche in der Hütte, wenn sie hungrig über die Brotzeitteller herfallen, von denen ich dann mal ein kleines Eck vom Speck oder der Salami bekomme.

Unterwegs begegneten wir etlichen anderen Hunden, was die Veranstaltung etwas unterhaltsamer machte. Ich traf einen hellen Labrador, dessen Zweibeinerpaar genauso wandergierig unterwegs war und der mir erzählte, dass er seit Stunden keinen Tropfen Wasser bekommen habe, und wenn er ins Gebüsch an einen Bach wollte, machte sein Zweibeiner Ärger. Er musste unbedingt irgendwelche Wandernadeln sammeln. Das ist so Souvenirzeug, das man nicht einmal fressen kann.

Am zweiten Tag habe ich auch einen Dackel getroffen. Das kommt ja nun nicht so oft vor. Es war eine ziemlich betagte Dame mit einer ergrauten Schnauze, die mit einer ebenfalls nicht mehr ganz jungen Zweibeinerin unterwegs war. Die beiden hatten es nicht so eilig, was wohl daran lag, dass sie in ihrem Alter eh nicht mehr die Schnellsten waren. Die Dackeldame hat nicht viel mit mir geredet. Sie hechelte ziemlich heftig wegen der Hitze. „So jung wie du würde ich gern wieder sein", flötete sie mich an. Offensichtlich fand sie mich interessant. Aber das beruhte nun nicht auf Gegenseitigkeit. Ältere Hundedamen sind meistens recht eigenartig. Sie zicken rum, wollen oder können sich nicht mehr richtig anstrengen. Spielen und Rumtollen macht ihnen keinen Spaß, und auch sonst sind sie nicht gerade zugänglich, was auch damit zu tun hat, dass das Thema Fortpflanzung bei ihnen schon aus dem Programm gestrichen ist.

Ich hab sie gefragt, ob sie auch hier Urlaub machen, was eigentlich offensichtlich war. „Wir sind jedes Jahr in der Gegend", raunte sie, und es klang nicht wirklich zufrieden.

„Gefällt's dir hier?", fragte ich weiter.

„Früher schon", meinte sie, „aber heute ist mir das andauernde Rumlaufen zu blöd. Ich bin ja nicht mehr die Jüngste." Wie wahr, dachte ich, während sie wohl auf ein Kompliment hoffte. Aber man soll seine Ressourcen nicht vergeuden, und mein Interesse an ihr hielt sich in Grenzen. Ihre gespielte Freundlichkeit erinnerte mich irgendwie an den Trainingsanzug von Natascha, der sich mit meiner Zweibeinerin ähnlich unterhielt.

Urlaub hat für uns Hunde ja nicht sehr viel Sinn. Aber wenn wir wirklich mal wegfahren, eigentlich wegfahren müssen, dann ähneln wir sehr den Zweibeinern. Einerseits wollen wir was erleben und diese fremde Welt entdecken. Andererseits sind wir leicht genervt und stressanfällig. Dafür sorgen allein schon diese beengten Wohnverhältnisse. Und das geht dir irgendwann aufs Gemüt. Egal ob Hund oder Zweibeiner. Das sollte sich bald rächen.

Es war wohl der dritte oder vierte Tag. Morgens saß die Zweibeinerin mit einem ziemlich angefressenen Gesicht beim Frühstück auf der Terrasse und stocherte in einer Müslischüssel herum. Er gönnte sich ein fettes Schinkenbrot und ein gekochtes Ei, schlürfte am Kaffee und sagte voller Tatendrang: „Wollen wir heute auf die Zugspitze fahren?"

Sie drehte den Kopf zu ihm, schaute ihn an wie einen Außerirdischen und grummelte: „Ich habe solche Kopfschmerzen. Völlig unmöglich."

Er verdrehte die Augen, schüttelte leicht den Kopf, was sie ganz offensichtlich zusätzlich verstimmte, und sagte dann: „Deswegen sind wir doch hergefahren. Das ist schließlich hier die Attraktion schlechthin."

Sie bekam einen angriffslustigen Gesichtsausdruck und fuhr ihn an: „Dann musst du da alleine rauf."

Mir war klar, alleine heißt Zweibeiner mit Hund. Es schüttelte mich bei dem Gedanken, dass ich diesen Riesenberg rauflaufen muss. Endlose Wiesen mit lästigen Kühen und steile Felsen. Die Zweibeinerin rührte gefühllos in der Müslischüssel, legte den Löffel demonstrativ auf die Serviette, stand auf und ging auf unser Zimmer. Er saß da, schaute hinüber zu dem großen Berg und murmelte mehr zu sich als zu mir: „Dann tun wir das heute." Das Unglück nahm seinen Lauf.

Wir fuhren mit dem Auto zu dem Berg, nahmen eine Straße, die durch den Wald bergauf führte, und ich freute mich, dass wir uns diesen Teil schon mal ersparten. Doch dann stiegen wir in die Gondel einer Seilbahn. Das war höchst ungemütlich, weil die Zweibeiner extrem eng beieinander standen. Da wirst du als kleiner Hund unten total übersehen. Vor allem wenn sie alle nach oben zum Berg schauen. Wer interessiert sich da schon für einen Dackel ganz unten am Boden?

Ich hab's aber gut überstanden, bin oben dann aus der Kabine gewackelt. Mein Zweibeiner hat seinen Rucksack umgeschnallt, seine beste Sonnenbrille aufgesetzt und ist dann mit mir auf eine große Terrasse gegangen, wo viele Leute waren und ein ziemlich kalter Wind geblasen hat. Ich konnte spüren, wie die Menschen alle aufgeregt waren. Gut, die Aussicht war dort oben schon spektakulär, aber sonst konntest du nicht viel machen. Rechts und links ging es extrem steil bergab, wo du auch als Vierbeiner nicht laufen kannst. Neben uns stand eine junge Frau mit langen dunklen Haaren, die im Wind flatterten. Sie hatte eine enge Jeans und ziemlich lange Beine. Sie roch etwas süßlich, ein wenig wie Schokolade und Pfirsich. Gar nicht unangenehm, auch wenn ich Obst nicht besonders mag. Ein männlicher Zweibeiner dürfte auf solche Düfte ziemlich abfahren, was dann auch geschah.

Mein Zweibeiner hat sie lange von hinten begutachtet, und seine Augen leuchteten. Sie bemerkte sein Interesse, drehte sich ein wenig zu ihm und schenkte ihm einen kurzen Blick, dann einen etwas längeren, und dann lächelte sie ihn an. Er lächelte verlegen zurück, was wohl daran lag, dass er bei solchen Aktionen schwer aus der Übung war. Da könnte er von uns Hunden einiges lernen.

Egal. Ich habe mir das von unten gemütlich angeschaut und anfangs noch nichts dabei gedacht. Die Zweibeinerin hatte das ja auch schon mit dem Trainingsanzug getan. Und passiert ist nichts.

Dann sprach er sie an: „Sie sind auf Urlaub hier?"

Sie antwortete etwas schüchtern: „Ja. Ich bin zum ersten Mal hier. Und Sie?"

Er gab zurück: „Ja. Ich auch. Das heißt wir beide. Mein Hund und ich." Er tat jetzt so, als ob er mit mir alleine auf Urlaub ist. Mir wurde klar, dass er Hintergedanken hatte.

Dann kam das, was Zweibeiner in solchen Situationen tun. Das ist ja immer das Gleiche: Woher kommen Sie? Ach, das ist ja eine schöne Gegend. Was machen Sie? Und so weiter. Das Wortgeplänkel mündete in ein gemeinsames Kaffeetrinken im Lokal hinter der Terrasse. Mir war auch klar, dass der Rest des Tages für mich ziemlich langweilig werden würde. Das einzige Vergnügen waren die Komplimente der schönen Dunkelhaarigen für mich: „Ach, der ist aber süß. Wie heißt der denn?" Klar, dass sie bei meinem Namen gegrinst hat. Wie alle. Gesagt hat sie aber nichts. Ihr Glück.

Zweibeiner sind in solchen Angelegenheiten ja extrem umständlich. Als Hund hätte mein Zweibeiner sie beschnüffelt. Dann hätte er gesehen, wie viel Zuneigung sie ihm zukommen lassen würde, und dann wären sie beide um die Ecke gegangen und dort vielleicht zur Sache gekommen. Aber Menschen sind ja so übervorsichtig, und so plauderten die beiden den halben Nachmittag, tranken zuerst Kaffee, aßen dann ein Eis, tranken dann noch einen Kaffee und erzählten sich eine halbe Lebensgeschichte, wobei mein Zweibeiner seine Zweibeinerin mit keiner Silbe erwähnte. Hätte ich ja auch nicht gemacht.

Mir war endlos fad. Ich war genervt, weil du dort oben auch nicht so einfach irgendwo hinpinkeln darfst. Wir fuhren dann zu dritt mit der Bahn zurück, wo die beiden unten ihre Adressen austauschten. Sie war aus Österreich, eine Friseuse. Zum Schluss küssten sie sich auf die Backen. „Ich bin demnächst ganz in der Nähe auf Dienstreise, und da könnten wir uns sehen", gockelte er noch mit leuchtenden Augen und roten Backen.

Der Abend im Hotel war dann ziemlich eigenartig. Die Zweibeinerin hatte immer noch Kopfschmerzen, dazu schlechte Laune und redete fast gar nichts, während er ziemlich aufgedreht und gut gelaunt war, was sie noch misstrauischer machte.

Für mich war das mal wieder eine interessante Erfahrung in Sachen Zweibeiner, und ich dachte darüber nach, wie das dann zu Hause wohl weitergehen würde. Ob uns die österreichische Friseuse besuchen würde und wie meine Zweibeinerin reagieren würde. Vielleicht so wie ich mit dem Pudel wegen Natascha. Oder er nahm mich mit, wenn er sie besuchte. Hunde sind gerade bei Männern beliebte Lockvögel, wenn sie Frauen rumkriegen wollen. Das kenne ich von meinen alten Freunden in Berlin. Liebe geht manchmal seltsame Wege.

Das Unglück bahnt sich an.
Oder das Glück?

Über den Rest unseres gemeinsamen Urlaubs gibt es nicht mehr viel zu erzählen. Die Stimmung zwischen den beiden Zweibeinern war ziemlich angespannt. Eigentlich wollten sie zusammen die Berge entdecken, was sich dann auf einen letzten Ausflug beschränkte. Dass es nicht die Zugspitze war, darüber war ich recht froh. So hohe Berge sind nicht mein Fall. Wir sind dann auf den Berg direkt hinter unserem Hotel gewandert, was die Zweibeinerin wollte, weil sie keine Lust auf das Autofahren hatte. Da hab ich mit ihr etwas gemeinsam.

Die beiden haben nicht viel miteinander geredet, und gelacht schon gar nicht. Es sah irgendwie nach Krise aus. Eine merkwürdige Ruhe, die sich schwer anfühlte und eine spezielle Spannung hatte, so als ob jeder darauf wartete, dass der oder die andere etwas sagte. Tat aber keiner von beiden. Als Hund bis du, wie ihr euch vielleicht denken könnt, ja von Haus aus sensibel und deshalb auch anfällig für solche Stimmungen. Ändern kannst du da gar nichts als Hund. Bei ihren Kindern hingegen, da sind die meisten Zweibeiner überaus rücksichtsvoll. Nicht vor den Kindern, heißt es beim Streit. Habt ihr schon mal streitende Zweibeiner gesehen, die gesagt haben: Bitte nicht vor unserem Hund? Wir müssen uns den Stress antun und können meistens nicht mal vor die Tür gehen.

In diesem Fall aber war ich einigermaßen abgeklärt, weil ich die Geschichte selbst miterlebt hatte und wusste, worum es ging. Und ich war ja nun wirklich nicht schuld. Ich habe mich auch nicht eingemischt, sondern versucht, möglichst neutral und einigermaßen brav zu sein. Mir war klar, wenn ich jetzt etwas anstelle, gehen sie beide auf mich los. Aggressionen hatten sie genug in sich drin.

Am letzten Abend haben sie einen Versöhnungsversuch gemacht und sind ausgegangen. Ohne mich allerdings. Sie haben sich beide geduscht, schön angezogen, dick einparfümiert und sind zum Italiener gefahren. Das haben sie bei Beziehungsstress bis jetzt fast immer gemacht, aber mit der Zeit verliert es seine Wirkung und wird zur Gewohnheit. Ich sollte im Zimmer bleiben, musste vorher noch schnell Gassi, bekam dann Kekse und hab es mir auf dem Bett bequem gemacht, als sie weg waren. Ich meine, warum sollte ich auf dem Boden liegen, wenn niemand da ist. Die Zweibeiner nutzen es ja auch. Nur, wenn sie darauf liegen, muss ich runter ins Körbchen.

Ich lag also den ganzen Abend auf dem Bett, döste und schlief, lauschte den Geräuschen aus den Nachbarzimmern, hörte schreiende Kinder und merkwürdige Geräusche, die wahrscheinlich von den Fernsehgeräten kamen. Ein Hotel ist wie ein Ameisenhaufen. Viele Menschen unter einem Dach, und da geht's für feinfühlige Hundeohren extrem zu.

Irgendwann hörte ich Schritte, ein Klappern an der Tür, und dann wurde es hell. Sie waren zurück und offensichtlich besser gelaunt. Gerochen haben sie, wie sie immer riechen, wenn sie vom Italiener kommen. Sie nach Tiramisu und er nach Espresso und Grappa. Ich habe mich müde gestellt und wollte mich nicht mit ihren Dingen beschäftigen. Dann sind sie ins Bett gekrochen, haben Musik gehört, und er fing an, an ihr rumzufummeln. Er streichelte ihren Nacken, legte seine Beine über ihre und flötete ihr merkwürdige Dinge ins Ohr. Sie lag verdächtig reglos da, rührte keinen Finger, während er sich abmühte, zärtlich zu sein. Kurz drehte sie ihren Kopf etwas zu ihm, schaute ihm in die Augen. Er merkte es nicht, weil er gerade mit seiner Zunge an ihrem Nacken war. Sie grummelte unfreundlich und sagte: „Bitte lass mich heute. Ich habe solche Kopfschmerzen." Er zuckte zusammen, als ob sie ihm in den Bauch geboxt hätte. Sein Gesichtsausdruck verriet Entsetzen. Er schnaufte tief und schwer, drehte sich um und kehrte ihr so den Rücken zu. Dann war es ruhig. Der Einzige, der in dieser Nacht gut geschlafen hat, war wohl ich.

Am nächsten Morgen haben sie ziemlich rasch ihre Sachen gepackt, nicht einmal wie sonst ausgiebig gefrühstückt, und die Taschen ins Auto gebracht. Mein Gassi-Ausgang mit der Zweibeinerin war extrem kurz. Sie hat auch nicht mit mir geredet, obwohl ich für die blöde Stimmung nichts konnte. Unterwegs sind wir an einer Tankstelle stehen geblieben, weil sie auf die Toilette musste. Er stieg auch aus dem Auto und versteckte sich hinter dem Parkplatz, wo er telefonierte. Es war die österreichische Friseuse. Ich konnte alles hören, wie er sich nach ihrer Heimreise erkundigte und sagte, dass er sie gerne sehen würde.

Dann kam die Zweibeinerin aus der Tankstelle heraus, und er beendete das Gespräch ganz hektisch. Sein Kopf wurde rot, und die Zweibeinerin fragte ihn, ob es ihm nicht gut gehe. Er schüttelte nur den Kopf und sagte: „Alles okay." Wie immer er das gemeint hat. Spätestens jetzt war mir klar, dass die nächsten Wochen alles andere als langweilig würden.

Ich wusste nicht, wie ich mich nun verhalten sollte. Als Hund bist du eigentlich ein Rudeltier, und da ist es dir wichtig, dass alle im Rudel, also meine Zweibeiner und ich, zusammenbleiben. Auf der anderen Seite war mir klar, dass die Zweibeinerin von ihm genervt war und nun etwas Abwechslung bei Nataschas Trainingsanzug suchen könnte. Das würde mir neue Chancen in meinem ganz persönlichen Privatleben öffnen. Rudel hin, Rudel her. Ich bin ein junger Dackel in bestem Fortpflanzungsalter. Da musst du nicht den Beziehungstherapeuten spielen und selbst auf das existenzielle Vergnügen der Vermehrung verzichten.

Zu Hause lief es anfangs noch wie immer. Er fuhr morgens ins Büro, sie saß an ihrem Schreibtisch im Arbeitszimmer. Ich wartete sehnsüchtig auf unseren

Vormittagsspaziergang und auf ein Treffen mit Natascha. Wir waren an diesem Vormittag spät dran, weil die Zweibeinerin nach dem Urlaub viel zu arbeiten hatte, was ihre Stimmung auch nicht aufhellte. Wenn die Kleider der Zweibeiner, und ich meine das jetzt ganz allgemein, interessant zu riechen beginnen, schmeißen sie sie in die Waschmaschine. Und das tat sie an diesem Vormittag, was ihr ganz offensichtlich wenig Spaß machte. Zwischendurch starteten wir endlich zu unserem Ausflug. Wir waren noch gar nicht am Park, als ich Nataschas Fährte aufgenommen hatte. Ich wurde freudig nervös, mein Schwanz fächelte wie der Rotor eines Hubschraubers.

Natascha war nicht allein. Der Trainingsanzug machte gerade Gymnastik, und neben ihr stand James, der Basset, was mich nicht weiter gestört hat, weil ich den müden Burschen nicht als Konkurrenten gesehen habe. Natascha schnüffelte neugierig an James' Ohr. Solche Lappen hatte sie wahrscheinlich noch nie gesehen. James stand zunächst regungslos da wie immer, aber seine Augen leuchteten, und ich spürte, dass etwas in ihm vorging. Ich hielt das für eine rein platonische Nummer. Natascha war eben ein quirliges, nettes und vor allem zierliches Püppchen. Und James hatte das Temperament eines geparkten Sattelschleppers. Er stand einfach da und schaute. Die beiden zusammen? Unmöglich. Das war wie der dicke Ottfried Fischer mit Kate Moss, um es einmal in der Sprache der Zweibeiner auszudrücken.

Natascha hat bald gemerkt, dass da nicht viel los ist, und ist schwanzwedelnd zu mir rübergelaufen. Wir haben uns fleißig beschnuppert. Sie roch etwas anders, viel süßlicher und ein wenig aufdringlich. Nicht hundemäßig, sondern eher wie meine Zweibeinerin, wenn sie abends ausgehen will. „Gestern waren wir beim Hundecoiffeur", flüsterte sie mir in meinen rechten Ohrlappen, „wir mussten mal wieder die Spitzen schneiden, fönen und eine Kurpackung machen."

„Muss man dann gleich riechen wie eine Zweibeinerparfümiere? Du hast doch sonst so einen verführerischen Eigengeruch, in dem ich mich wälzen könnte", entgegnete ich ihr.

„Das verstehst du nicht", sagte sie. Es klang endgültig, und ich wusste, dass ich besser nicht weiterdiskutieren sollte.

James stapfte mit Zeitlupenschritten zu uns herüber, setzte sich neben Natascha und schaute sie an, als ob er sie hypnotisieren wollte, was eindeutig misslang. Sie schüttelte ihr Fell und leckte demonstrativ an ihrem frisch gefönten Rücken. Ich hab dann den beiden von meinem Ausflug an die Zugspitze und von den Problemen meiner Zweibeiner erzählt. James meinte nur: „Typisch". Und Natascha bekam große Augen, überlegte offensichtlich und drehte sich plötzlich um. Sie suchte etwas. Nein, sie suchte jemanden. Es war ihr Trainingsanzug, und der hing auch schon an meiner Zweibeinerin. Er hatte heute einen neuen Trainingsanzug an, noch bunter, noch glänzender, und dazu knallgelbe Schuhe mit roten Schnürsenkeln. Er roch so, wie es in den Regalen eines Sportgeschäftes riecht, dazu mit einer Prise Rasierwasser der Marke „Ich hab heute Abend noch nichts vor". Natascha schaute neugierig zu den beiden hinüber, die an der Rückenlehne einer Bank standen und sich angeregt unterhielten. Er erzählte ihr von seinen sportlichen Aktivitäten und davon, dass er so gern in der Natur unterwegs sei, aber das immer alleine machen müsse.

„Schleimer", sagte Natascha, „das macht der immer so. Immer dieselbe Geschichte." Ich ahnte, was sie meinte und worauf das hinauslaufen könnte. Wir saßen da und beobachten beide leicht verunsichert.

„Was sagt denn deine Zweibeinerin dazu, wenn er andere so offensichtlich anbaggert?", fragte ich.

„Das hat die schon aufgegeben. Anfangs haben sie noch fast jeden Tag gestritten, und heute macht jeder, was er will, und kümmert sich kaum um den anderen." Natascha erzählte das ungewöhnlich entspannt und so, als ob das nicht ihre Zweibeiner, sondern irgendwelche Nachbarn wären.

„Stört dich das nicht?", fragte ich sie mit sorgenvoller Miene, die, ehrlich gesagt, schon etwas aufgesetzt war. Aber ich war ja auch in der Anmachphase bei ihr, und da musst du als einfühlsamer, verständnisvoller Partner dastehen. Da darf man das.

Ihre Antwort kam wie aus der Pistole geschossen: „Glaubst du wirklich, dass die meine Meinung interessieren würde? Für ihn bin ich ein gutes

Anmachinstrument, um bei Frauen anzukommen. Und bei ihr bin ich zu Hause der Kindersatz, wenn sie auf dem Sofa sitzt und Talkshows anschaut, wo ich dann neben ihr kuscheln darf. Oder muss." Das klang nun so, als ob sie sich einigermaßen gut arrangiert hätte. Und es gibt schlimmere Dinge im Leben, als auf dem Sofa zu liegen, Pralinen zu fressen und den Bauch gekrault zu bekommen.

Mein Blick hinüber zu den Zweibeinern sagte mir, dass sich da was anbahnte. Gut, ich bin jetzt nicht gerade ein alter Hase, was Beziehungen angeht. Außer ein paar Flirts in der Großstadt hab ich selber noch nicht viel erlebt. Aber die Hundemädels, vor allem die großen, die mich nur für einen guten Kumpel hielten, haben mir oft ihre Geschichten erzählt und von den einfältigen Rüden, die immer nur eins wollen. Ich will das ja auch, aber als Dackel musst du dich eben anders anstellen als ein Dobermann oder ein Rottweiler, diese doofen Machos. Da musst du ein Hundefrauenversteher sein. Dass du ein wilder Hengst bist, das nehmen sie dir bei meiner Schulterhöhe und deiner Gewichtsklasse eh nicht ab.

Wir standen also da und beobachteten die beiden Zweibeiner argwöhnisch, wie sie sich immer näher kamen und wie der Trainingsanzug immer hektischer und sein Blick immer gieriger wurde. Ich meine, irgendwie konnte ich ihn ja verstehen. Zu Hause hatte er eine Zweibeinerin, die klein und dick war und die anscheinend den ganzen Tag nur vor dem Fernseher saß und Süßigkeiten aß. Und da war meine Zweibeinerin, groß, blond und gertenschlank. Sie ist zwar ein wenig spröde und manchmal zickig, aber wenn sie will und wenn sie Spaß hat, kann sie ganz anders. Da blüht sie auf. Und das tat sie in dem Moment auch. Ein wenig zumindest.

Zweibeiner sind in solchen Situationen ja unheimlich diplomatisch und überlegen haargenau, was sie tun und was sie nicht tun, beobachten den anderen ganz kritisch. Wir sind da spontaner und leidenschaftlicher. Ich glaube, das hat viel damit zu tun, dass wir Hunde ja nicht ewig zusammenbleiben, sondern nach der Fortpflanzungsanbahnung wieder getrennte Wege gehen. Ich halte das für die viel bessere Idee, weil das unheimlich Stress erspart. Für die Versorgung haben wir, ich meine die Hundedamen im Speziellen, ja die Zweibeiner. Die kümmern sich ums Essen und ums Quartier für die junge Familie. Der Zweibeiner an sich ist da viel ängstlicher, denkt an die Zukunft und was sein wird, wenn der Nachwuchs groß ist und er selbst ein alter Knochen, den keine junge Dame mehr ans Fell lässt. Bei solchen Gedanken bleibt der Spaß gerne mal auf der Strecke bei den Zweibeinern.

So war bei den beiden eine Mischung aus Geilheit und Anspannung spürbar. Sie waren fortpflanzungsfixiert, würde ich mal sagen, aber irgendwie schwer beim Abtasten und Abwägen. In der Zwischenzeit haben sich beide auf die Bank gesetzt, der Trainingsanzug saß zu ihr in einem schrägen Winkel, fast lag er auf ihr, und sein linker Arm machte sich auf der

Lehne breit und touchierte schon mal ihre Schultern, was sie offensichtlich nicht störte. Normalerweise beschäftigen wir uns in einer solchen Situation mit uns selbst und sind froh, wenn wir von den Zweibeinern unsere Ruhe haben. Aber an diesem Tag war das anders. Wir spürten beide die Anspannung, die in der Luft lag, und wir Hunde sind da sehr sensible Wesen.

„Wir können da doch eh nichts machen", grummelte Natascha ungewohnt störrisch.

Da war ich anderer Meinung. „Stell dir mal vor, wir beide hätten uns jedes Mal, wenn wir uns mit den beiden über den Weg gelaufen sind, fürchterlich angekeift, ich hätte dich gebissen und du hättest mir eine wilde Szene gemacht. Die beiden hätten kein Wort miteinander gewechselt und wären sich für immer aus dem Weg gegangen", sagte ich zu ihr.

Sie schaute mich ziemlich ungläubig an, und ich sagte rasch: „Das hätte ich aber nie übers Herz gebracht."

Ihr Blick drehte sich wieder ins Freundlichere. Sie überlegte ein wenig und meinte dann: „Wir müssen jetzt gut aufpassen. Das kann für uns gut ausgehen, dass wir uns jeden Tag sehen. Das kann aber auch ziemlich in die Hose gehen."

Irgendwann wurde es dann doch langweilig beim Zuschauen. Wir trotteten hinüber zu den Bäumen, ein wenig schnüffeln und rumspielen. Aber es war nicht so fröhlich und spontan wie sonst. Ich meine, das war doch eine ganz natürliche Reaktion. Wir

Hunde sind ja Rudeltiere. Und wenn in dein Rudel, das sind deine Zweibeiner und du, Unruhe kommt, dann machst du dir Gedanken und schaust dir genau an, was geschieht. Eigentlich eine einfache Sache, aber dass der Trainingsanzug der Zweibeiner meiner Natascha war, verkomplizierte die Geschichte ziemlich.

Es hat dann ziemlich lange gedauert, bis die beiden Zweibeiner sich bei uns wieder gemeldet haben. Sie waren immer noch neben der Bank und redeten. Dann kam die Verabschiedung. Sie standen ganz nah zusammen, küssten sich auf die Backen rechts und links und lächelten. Meine Zweibeinerin ging langsam auf mich zu. Er stand hinten wie gelähmt und schaute ihr nach. Zweibeiner nennen das Dackelblick, was ich bis heute nicht verstanden habe. Sie drehte sich einmal kurz um, warf ihm einen freundlichen Blick zu und winkte kurz mit der linken Hand. Er strahlte wie ein Welpe, der zum ersten Mal eine Wurst bekommt. Irgendwie erinnerte mich das an den Urlaub. So ähnlich war das auch bei meinem Zweibeiner mit der österreichischen Friseuse. Und die würde noch eine wichtige Rolle spielen. Da war ich mir ganz sicher.

Wer mit wem und wann und wo?

Über die Sexualität von uns Hunden machen sich die Zweibeiner so gut wie keine Gedanken. Von Tierärzten mal abgesehen, aber die haben auch keinen sehr romantischen Zugang zu diesem lebenswichtigen Thema. Was ihre eigene Fortpflanzung angeht, da sind die Zweibeiner hyperaktiv bis hysterisch. Allein die vielen Bilder mit sich paarenden oder paaren wollenden Zweibeinern und die Filme, in denen sie röcheln und stöhnen und sich in ihren Betten wälzen, als ob sie von der Flohplage gepackt worden wären – das alles ist irgendwie merkwürdig, passt aber zu meinem ganz persönlichen Vorurteil, dass die Zweibeiner in vielen Dingen unglaublich kompliziert sind. Wahrscheinlich macht ihnen das sogar Spaß.

In der Zeit nach unserem Urlaub habe ich mich viel mit der Paarung beschäftigt. Rein gedanklich. Einmal hatte ich ja mit Natascha eine ernsthafte Kandidatin, die irgendwann einmal läufig werden würde, und dann wollte ich da auch dabei sein. Andererseits sah ich bei unseren Zweibeinern dunkle Wolken am Liebeshimmel aufziehen, wenn ich das mal so zweibeinerisch erklären darf.

Bei uns Hunden sind die Dinge ja eher klar geregelt. Alle fünf bis sechs Monate werden die Damen läufig, und dann sind wir Rüden extrem engagiert. Zuerst zieren sich die Damen, und du musst ein wenig hartnäckig bleiben, bis sie dir die Gunst schenken. Hat es mit der Paarung geklappt, dann geht jeder wieder seine eigenen Wege. Eine praktische Lösung. Oder? Die ganzen Missverständnisse, wie sie die Zweibeiner haben, wer nun was für wen tut oder tun muss oder hätte tun sollen, das kennen wir nicht. Nur in einer Hinsicht, da haben die Zweibeiner einen klaren Vorteil. Sie haben nicht diese Größenunterschiede wie wir Hunde. Zweibeiner sind fast immer gleich groß oder einigermaßen auf gleicher Höhe. Ein Dackel mit einer Schäferhündin, das gibt es bei ihnen nicht. Unsereins muss da entweder sehr kreativ sein, das Glück haben, dass sie sich an der Böschung beglücken lässt, oder einfach verzichten.

Bei den Zweibeinerinnen habe ich ähnliche Verhaltensweisen wie bei uns Hunden nicht feststellen können. Auch die männlichen Zweibeiner scheinen nicht auf solche Phänomene zu reagieren. Spezielle Paarungszeiten haben die nicht. Entweder sind die Zweibeinerinnen das ganze Jahr läufig – oder gar nicht. Das würde auch erklären, warum so Typen wie Nataschas Trainingsanzug über Wochen baggern und trotzdem nichts läuft. Dass meine Zweibeinerin ziemlich angegraben wurde, war ja nicht zu übersehen, aber wer nun warum was gemacht hat oder auch nicht, das kannst du als Hund nicht nachvollziehen. Natascha und ich waren ziemlich unsicher, was da nun abgehen sollte.

Und es ging was ab. Nur wenige Tage hat es gedauert, dann haben die beiden beim Gassi-Treffpunkt nicht nur lange geplaudert, sind dann sogar auf der

Bank eng aneinander gehockt und haben sich da und dort auch betatscht. Danach sind sie mit uns beiden einen Kaffee trinken gegangen. Oder besser gefahren. Wir haben uns bei der Halbinsel am Südufer des großen Sees getroffen, sind an den Booten vorbei zu genau dem Kaffeehaus gelaufen, wohin wir nach dem Umzug unseren ersten Ausflug gemacht hatten. Spazierengehen hat die beiden gar nicht interessiert. Sie sind schnurstracks ins Kaffeehaus, haben sich zwei der Liegen gesucht, auf denen man sich wie auf einem Bett ausbreiten und schaukeln kann. Sie haben sich Prosecco bestellt und uns Hunde mit einem Sicherheitsabstand von zwei Metern getrennt an den Liegen angeseilt. Das war die größte Gemeinheit. Selbst turteln und baggern und uns in Einzelhaft schicken.

Wir haben uns dann unter den Liegen ausgebreitet und das getan, was Hunde immer tun, wenn sie mit ihren Zweibeinern ins Lokal mitmüssen – nichts. Oben haben sie geredet und geredet, als ob es um ihr Leben ginge. Natascha und ich, wir waren beide etwas genervt. „Weiß deine Zweibeinerin eigentlich, was er so treibt?"

Sie antwortete: „Ach wo. Sie ist tagsüber in ihrem Geschäft, und er tut dann nichts. Nachmittags, wenn mehr los ist, hilft er ihr etwas. Ansonsten lässt er sich's gut gehen, und sie verdient das Geld."

Als seine Hand zu ihrer Liege rüberwanderte, meinte Natascha: „Jetzt greift er an." Aber was sollte schon geschehen? In der Öffentlichkeit treiben es die Zweibeiner nicht.

„Sollen wir vielleicht bellen und ihnen auf die Nerven gehen, dass sie uns laufen lassen?", fragte ich.

„Lieber nicht. Wenn er sauer ist, krieg ich Gassiverbot."

Ich hatte plötzlich eine viel bessere Idee. „Ich weiß, wie wir freikommen", frohlockte ich und ließ etwas Abluft durch den Hinterausgang ins Freie. Hundefurze mögen die Zweibeiner überhaupt nicht, und sie reagieren extrem gereizt. Vor allem wenn sie es ganz romantisch haben wollen, da sind Darmwinde besonders destruktiv.

Und so war es auch. Meine Zweibeinerin stockte plötzlich. Er redete weiter und hielt kurz danach die Luft an. Normalerweise verdächtigen sich die Zweibeiner in solchen Situationen zuerst gegenseitig, was bei denen beiden wirklich peinlich wäre. Meine Zweibeinerin reagierte aber flott, bückte sich mit einem entsetzten Gesicht zu mir herunter und schrie: „Rambo, du altes Ferkel. Lass das!"

Klar, ich hab das verstanden, aber ich hab so getan, als ob ich nicht wüsste, worum es geht. Zwei Minuten später waren Natascha und ich allein am Strand. Eine ganze Stunde haben sie uns dort gelassen und sich auch nicht darum geschert, was wir gemacht haben. So lange waren Natascha und ich noch nie zusammen. Wir sind rumgelaufen, haben geschnüffelt, Abfalleimer ausgeleert und Enten am Ufer gejagt. Es war wie im Paradies. Wenn eine häusliche Beziehungskrise so aussah, durfte sie ruhig länger dauern.

Aber irgendwann sind auch paradiesische Zustände vorbei. Gerade als ich mit Muscheln spielte und Natascha an einem feuchten Stock herumkaute, der vorher halb im Wasser gelegen war und leicht nach Fisch roch, hörte ich eine schrille, irgendwie auch bekannte Stimme: „Raaaambo!" Das war, keine Frage, meine Zweibeinerin, und sie klang ziemlich nach Problemen. Ich sah sie schemenhaft beim Kaffeehaus stehen und überlegte noch, ob ich mich auf den Weg machen oder ein wenig taub stellen sollte. Natascha interessierte sich nicht für meine Zweibeinerin und kaute seelenruhig weiter. Sie war ja auch nicht gemeint. Dann wurde der Ton noch schärfer. „Raaambo, komm sofort hierher … hierher, bei Fuß!"

War der Krieg ausgebrochen? Hatte sie der Trainingsanzug ausgeraubt? Irgendetwas Grobes musste geschehen sein. Ich trippelte im leicht beschleunigten Dackelgang Richtung Kaffeehaus, wo sie mich bald erblickte und mit ihren Augen fixierte. Sie stand da, trat nervös von einem Fuß auf den anderen und schien ausgesprochen ungeduldig. Als ich vor ihr stand, bückte sie sich, knipste mich an die Leine und zog mich sofort weiter, dass mir das Band den Hals abschnürte. Sehr nett, dachte ich noch, wie hab ich nun das verdient?

Da schlich sich ein bekannter Duft in meine Nase. Ein Hundeduft. Einer von der besseren Sorte, aber nichts Weibliches. Der Urheber konnte nicht weit sein. Während ich noch überlegte, kam bei der Terrasse eine Bulldogge um die Ecke, hat mich aber noch nicht wahrgenommen. Es war Alfred, der Hund aus gutem Hause mit einem Hang zu verdorbenem Döner und nackten Zweibeinerinnen. Hinter Alfred kam seine Zweibeinerin angetippelt. Sie trug wie immer eine große, glitzernde Sonnenbrille und umhüllte das halbe Lokal mit ihrem Chanel-Duft, dass du als Hund nicht mehr wusstest, ob du am See oder in einem Parfüm-Testlabor bist. Meine Zweibeinerin hatte offensichtlich keinen großen Bedarf, den beiden zu begegnen und zu erklären, in welchem Verhältnis der Trainingsanzug zu ihr steht, vor allem weil der mittlerweile einen solchen Schlafzimmerblick draufhatte, dass es mich wunderte, dass er immer noch seine Hose anhatte. Mit Alfred eine Runde zu drehen, wäre jetzt auch schick, dachte ich noch. Aber weiter kam ich nicht, denn die Zweibeinerin zerrte mich im Würgegriff Richtung Parkplatz. „Der arme Hund", hörte ich im Vorbeilaufen eine ältere Frauenstimme zirpen. Ich versuchte unterwegs, mich umzudrehen und Ausschau nach Natascha zu halten, sah aber nur den glänzenden Trainingsanzug über den Strand laufen. Alfred und seine Parfüm-Zweibeinerin hatten uns immer noch nicht bemerkt und sich an einem der Tische neben dem Eingang und damit weit weg von unseren ehemaligen Liegen postiert. Hat sie vielleicht auch ein Rendezvous, grübelte ich kurz. Aber nein, wer hält diese Gerüche denn länger aus und dann noch ganz aus der Nähe. Das ist wie eine Überdosis Chloroform und vertreibt jede Form von Paarungslust.

Meine Zweibeinerin zog mich über den Parkplatz, tippte hektisch an der Fernbedienung ihres Wagens, übersah ein Loch im Boden und kippte mit ihrem rechten Fuß kräftig auf die Seite, weshalb sie kurz, aber heftig aufschrie und fluchte. Das kommt von dieser blöden Hetzerei, dachte ich für mich. Sie sollte sich mal am gemütlichen James ein Vorbild nehmen. Dem passierten solche Blödheiten nicht.

Sekunden später landete ich auf dem Rücksitz, der Motor heulte auf, und der Wagen bollerte über den Schotterparkplatz, dass die Steine wie Funken beim Feuerwerk zur Seite flogen. Ich stellte mich ganz ruhig und dachte darüber nach, wie sie sich bis zur Rückkehr des Zweibeiners zu Hause wieder erholen und was für eine Geschichte sie ihm erzählen würde.

Und was geschah? Sie erzählte ihm gar keine Geschichte, tat so, als ob der Tag ganz normal gewesen sei. Allerdings fiel ihm auf, dass sie etwas humpelte. Er fragte natürlich, was sie kurz überraschte. Aber sie war schlagfertig und erzählte von der Hundeleine, an der sie im Wohnzimmer hängen geblieben sei und die ich hätte liegen lassen. Pfui. Das würde ich ihr heimzahlen.

Das Rendezvous am See war nur der erste Teil der amourösen Eskapaden. Dass ich als Dackel da mittendrin stand und beide Seiten, von gelegentlichen Ausnahmen abgesehen, einigermaßen entspannt beobachten konnte, hatte einen hohen Unterhaltungswert. Als Zweibeiner erlebst du das nur in Filmen.

Später an diesem Abend saßen die beiden auf der Couch vor dem Fernseher und redeten nicht viel. Sie kaute auf Chips herum, die nach Zwiebeln und Knoblauch rochen, was meiner Einschätzung nach gezielt ausgesucht war, damit er nicht auf dumme erotische Gedanken kam. So sah er auch nicht aus. Er hatte seine Füße auf dem Tisch, was sie normalerweise gar nicht mag, und trank Bier. Was sie auch nicht mag. Aber sie reagierte nicht, weil sie vermutlich froh war, ihn ruhig und auf Distanz zu halten.

In der Werbepause fing er plötzlich zu reden an, und ich spitzte die Ohren, denn das war nicht uninteressant. „Übrigens hat meine Firma einen neuen Kunden in Österreich, und da werden wir irgendwann demnächst ein kurzfristiges Meeting für zwei oder drei Tage abhalten."

Sie stutzte ein wenig. Ich spürte, wie sie fieberhaft überlegte. „Ein neuer Kunde. Wo ist der denn?"

Jetzt war er an der Reihe. Auch er brauchte eine Pause, die er so überwand: „Hab ich das gar nicht erwähnt? In Wien natürlich. Alle wichtigen Firmen in Österreich haben ihre Zentrale in Wien."

„Fährst du mit dem Auto?", retournierte sie.

Seine Antwort kam nun schneller: „Klar. Ich muss jede Menge Muster und Dokumentationen mitnehmen."

„Weißt du schon, wann du fährst?", flötete sie nun überraschend freundlich.

„Nein. Aber das klären wir morgen", kam von ihm ganz entspannt. In Gedanken sah ich ihn schon im Auto sitzen, frisch geföhnt und rasiert, neben ihm die Friseuse von der Zugspitze, mächtig aufgetakelt und angemalt, wie sie dann beide ein romantisches Landhotel ansteuern und dort ein zweisames Meeting angehen. Und zu Hause kommt der Trainingsanzug zum Hausbesuch und macht mit der Zweibeinerin gymnastische Übungen, während Natascha und ich im Garten sitzen und spielen.

Vor ein paar Wochen hatte ich mir mein neues Leben in Bayern ganz anders vorgestellt und nicht im Traum an solche Veränderungen gedacht. Aber die Zweibeiner sind manchmal unberechenbar in ihren Launen, und als Hund musst du höllisch aufpassen und sie genau studieren, damit du nicht allzu böse überrascht wirst.

Am nächsten Tag beim üblichen Trainingsanzug-Gassi-Termin hatten Natascha und ich wieder mal viel Zeit zum Plaudern und zum gegenseitigen Beschnüffeln. Mehr war bei uns bis jetzt nicht. Aber die Zeit würde kommen, da war ich mir ganz sicher. Das aktuelle Thema an diesem Tag war allerdings ein anderes. Sie erzählte mir, dass der Trainingsanzug ziemlich ratlos war, was da am See geschehen war, bis meine Zweibeinerin eine SMS geschickt hatte mit der Auflösung. Dann war er wieder gut gelaunt und schmiedete schon heimlich Pläne für ein Abenteuer mit meiner Zweibeinerin. Sie blieben wohl noch im Kaffeehaus, wo er sich zur Belohnung für seine Fast-Eroberung ein Bier genehmigte und Natascha eine

Bekanntschaft machte. „Wir saßen neben dem Eingang, und dann schlich sich eine kleine, dicke Englische Bulldogge an mich heran und sabberte mich voll", erzählte Natascha mit offensichtlichem Ekel in der Stimme. „Der Kerl roch nach süßem Rasierwasser und schnüffelte mit seiner feuchten, faltigen Schnauze an mir herum. Ich konnte nicht weg, weil mein Chef sein Bier noch nicht ausgetrunken hatte. Ich hab ihn angeknurrt, dann angebellt, aber das war ihm völlig egal."

Ich erzählte ihr, dass ich ihn kenne und dass Alfred etwas eigen sei, sonst aber eigentlich ganz nett. Nur seine feuchte Aussprache und seine Fressgewohnheiten seien gewöhnungsbedürftig. Dass er aus vornehmem Hause kam und eine Villa und einen riesigen Garten hatte, das habe ich vorsichtshalber mal weggelassen. Sie sollte ja nicht auf dumme Gedanken kommen.

Das Leben war ziemlich aufregend in diesen Tagen, und ich wusste am Morgen nicht, welche Dramen ich tagsüber erleben sollte. Angst befiel mich zunächst nicht. Für mich waren das einfach Launen der Zweibeiner, die von ihrem Leben etwas gelangweilt waren. Mein persönliches Privatleben war ja weitgehend in Ordnung. Natascha und ich waren noch nie so viel zusammen gewesen wie in dieser Zeit. Spannung versprach allerdings die Frage, wann und wie mein Zweibeiner seine Geschäftsreise Richtung Friseuse machen wollte und was dann geschehen würde. Die Vorbereitungen liefen bereits intensiv. Abends, wenn die Zweibeinerin nach dem zweiten Glas Wein mal wieder am Fernseher eingenickt war, schlich er aus dem Zimmer, nahm mich an die Leine und zum Vorwand und stiefelte mit mir auf die Straße, wo er während meiner Gassi-Erledigungen ins Telefon tippte und mit geheimnisvollem Flüstern auch telefonierte. Und das waren garantiert nicht die neuen Geschäftspartner.

Das war die eine Geschichte. Die andere erzählte mir Natascha am nächsten Vormittag. Ihr Trainingsanzug hockte spätabends, wenn seine dicke Dunkelhaarige auf dem Sofa von erfolgreichen Abmagerungskuren träumte, am Computer und surfte nach romantischen Hotels am Gardasee. „Da fährt er garantiert nicht mit seiner Frau hin", meinte Natascha mit fester Stimme, „die sind schon seit Jahren nicht mehr zusammen in den Urlaub gefahren, und romantisch und luxuriös schon gar nicht." Das schien uns beiden alles ziemlich spannend. Nur eine Frage, die Natascha einwarf, die brachte uns zum Grübeln. Was machen wir beide, wenn die Zweibeiner ihre amourösen Ausflüge unternehmen?

Die Zweibeiner drehen durch

Wenn Beziehungsdinge ins Dramatische wechseln, dann ist den Zweibeinern so ziemlich alles andere egal. Im Prinzip ist das bei uns Hunden ähnlich, nur dauert es nicht so lang. Wie gesagt, wir sind in vielen Dingen pragmatischer und lange nicht so kompliziert.

Bei meinen Zweibeinern nahm das nun ernste Formen an, und es war längst noch nicht geregelt. Im Gegenteil, ich hatte das Gefühl, dass es erst richtig losgeht. Nach dem heimlichen Rendezvous am See mit dem Trainingsanzug war die Stimmung zu Hause spürbar angespannt. Ich meine, für einen Hund spürbar. Bei Zweibeinern bin ich mir da nicht so sicher. Er war eigentlich wie immer, blieb ruhig und redete nicht viel. Sie war eher fahrig, ließ mal eine Tasse fallen oder fluchte, wenn der Kaffee auf den Tisch schwappte. Ihm schien das egal zu sein. Ich glaube, er war gedanklich schon bei der Friseuse.

Die Einzige, mit der ich mich über all das, was so geschah, austauschen konnte, war Natascha. Sie war der ideale Gesprächspartner, denn sie kannte mich, meine Zweibeiner und natürlich ihren Trainingsanzug und seine Frau. Die Einzige, die ihr fremd war, das war die Friseuse. Aber die spielte zunächst nur eine Nebenrolle.

Bei unseren Treffs am Vormittag saßen wir zusammen und grübelten über das seltsame Verhalten der Zweibeiner. „Was meinst du, was dein

Zweibeiner machen würde, wenn er den Trainings-anzug mit der Zweibeinerin in flagranti erwischen würde?", fragte sie neugierig und mit einem dezenten Grinsen. „Würde er ihn wegbeißen?"

Eine gute Frage. Ich hatte ja so was bis dahin auch nicht erlebt.

Aber ich hatte so meine Zweifel: „Ehrlich gesagt, glaube ich das nicht, denn dein Trainingsanzug ist ein ziemlicher Kleiderschrank, und da würde sich mein Schreibtisch-Zweibeiner schwertun. Eher kriegt er selber was ab. Dein Trainingsanzug wirkt auf mich so, als ob er solche Sachen gewohnt ist."

Natascha nickte: „Er hatte mal was mit einer Kundin meiner Zweibeinerin. Die kam immer nach-mittags ins Geschäft, wenn er da war. Bis es dann aufgeflogen ist."

Ich wurde neugierig: „Was geschah dann?"

„Der Mann von ihr stürmte nachmittags in den Laden, als die beiden allein waren, und schrie herum. Er hat meinem Zweibeiner Prügel angedroht, und der hat dann die Polizei angerufen. Dann ist er abge-hauen, und sie hab ich auch nie wiedergesehen."

„Und deine Zweibeinerin: Wie hat die reagiert?"

„Die war doch gar nicht im Geschäft und hat nichts davon erfahren", sagte Natascha mit einer er-staunlichen, fast etwas befremdlichen Gelassenheit.

„Hat sie denn auch was laufen, einen Liebhaber?"

„Alles, was sie liebt, sind Pralinen, McDonald's und Burger King", kam als lapidare Antwort. Wenn Nataschas Zweibeinerin ein Hund wäre, dachte ich mir in diesem Moment, dann würde sie perfekt zu James, dem Basset, passen.

Ich stellte mir vor, wie es wäre, wenn wir Hunde genauso verrückt wären wie die Zweibeiner. Ich würde rasend vor Eifersucht Amok laufen, und Natascha würde frustriert zu Hause sitzen, sich mit Pralinen vollstopfen und bald aussehen wie ein doppelter Mops. Oder noch schlimmer: Sie hätte laufend heimliche Treffs mit dem doofen Pudel, vielleicht auch mit James, dem Basset, der irgendwie auch nicht abgeneigt schien. Andererseits würde ich das auch rasch mitbekommen. Denn Hunde müssen tagsüber nicht in die Arbeit und sind immer zu Hause, wenn es sein muss. Da haben sie den Zweibeinern gegenüber einen Riesenvorteil. Frust am Arbeitsplatz, Mobbing und Burnout sind Probleme, die in Hundekreisen nicht sehr verbreitet sind.

Durch die aktuellen Erlebnisse bekam ich mit Natascha eine besondere, vertrauensvolle Beziehung. Es waren ja mehr oder weniger gemeinsame Probleme, über die wir uns austauschten. Auf der anderen Seite merkte ich, dass sie körperlich nicht sehr zugänglich war. Anfangs hat mich das irritiert, dann aber machte ich mir klar, dass ich es nicht persönlich nehmen musste und dass sie der Stress zu Hause belastete. Vor allem beschäftigte uns eine Frage: Was geschieht mit uns, wenn bei unseren Zweibeinern was in die Brüche geht? Wenn mein Zweibeiner zur Friseuse nach Österreich auswandert? Oder wenn meine

Zweibeinerin mit dem Trainingsanzug irgendwohin flüchtet? Lande ich dann in Österreich, und Natascha bleibt zu Hause? Oder bleibe ich im zweiten Fall bei meinem Zweibeiner und Natascha entweder bei ihrer dicken Zweibeinerin, oder sie verschwindet mit dem Trainingsanzug und meiner Zweibeinerin irgendwohin?

Wir lagen beide im Gras und schauten in den blauen Himmel. Natascha zupfte mit ihrem Maul an den Grashalmen, und ich fragte sie: „Was wäre dir am liebsten?"

Sie antwortete nach einer kurzen Pause: „Eigentlich möchte ich, dass es so bleibt, wie es ist."

Ich setzte nach: „Es könnte auch sein, dass sich dein Trainingsanzug und meine Zweibeinerin zusammentun und wir beide zusammenleben. Wie ein Ehepaar."

Natascha war von dieser Idee nicht wirklich begeistert. „Jeden Tag zusammen im selben Haus. Wir würden uns bald langweilen, außerdem brauche ich Zeit für mich selbst", meinte sie ganz ruhig und entspannt, und das machte diese Ansage auch ernst.

Typisch Frauen, dachte ich bei mir. Wenn ihnen danach ist, darfst du mit ihnen spielen, ansonsten brauchen sie Zeit für sich selbst. Das hatte schon zweibeinerische Qualitäten. Das Zusammenleben von Mensch und Hund hinterlässt mit der Zeit Spuren, und das Dümmste, das dir als Hund passieren kann, ist es, dass du dir zweibeinerische Marotten angewöhnst. Immerhin waren wir uns einig, dass wir auf das, was nun geschehen würde, so gut wie keinen Einfluss hatten und dass wir trotzdem einen Plan machen sollten.

„Wir müssen etwas tun, was die Zweibeiner schockt und durch das ihnen klar wird, dass sie auch auf uns Rücksicht nehmen müssen." Der Satz von Natascha saß, und ich war Feuer und Flamme.

„Was würden sie tun, wenn wir zusammen abhauen?", fragte ich vorsichtig.

Nataschas Antwort: „Sie würden uns suchen, Angst um uns bekommen und sich dann vielleicht wieder versöhnen, wenn wir wieder zu Hause sind." – Warum, entgegnete ich, sollten sie das tun? – „Weil ihnen dann wieder stärker bewusst wird, wo sie daheim sind, und sie ihr Zusammenleben hoffentlich mehr schätzen", sagte sie mit leichtem Ärger in der Stimme. „Für die Zweibeiner sind wir wie Kinder. Und Kinder müssen beschützt werden. Hast du das immer noch nicht kapiert?"

Na ja, so richtig nicht und irgendwie doch schon. Vielleicht. Ein wenig. Natascha klang in diesem Moment so unglaublich reif, was mich verwirrte. War sie doch für mich der knackige Teenager, süß und knuddelig, der so verlockend roch, wie ein Hundeteenager nur riechen kann, mit dem man viel Spaß haben kann und der viele süße, kleine Dackelmischlinge in die Welt setzen würde. Und plötzlich redete sie wie ein Familientherapeut.

Aber das war noch lange nicht alles. Sie hatte ganz klare Gedanken und schon einen Plan. Ich kam mir in diesem Moment vor wie ein Welpe mit seiner Mutter.

„Weißt du", sagte sie mir, „wir könnten etwas tun, was ich immer schon mal machen wollte. Wenn schon abhauen, dann muss es ein Abenteuer sein. Etwas, das wir nie vergessen." Ich war natürlich neugierig und fragte nach. Abenteuer. Das war für mich bis dahin der Umzug gewesen oder der Ausflug mit Alfred, der Bulldogge. Aber so richtig weg und ganz allein zu zweit? Mit meiner schönen Natascha! Ich bekam eine Gänsehaut.

„Wir könnten", fuhr Natascha fort, „abhauen und Richtung See laufen bis zur Schiffsanlegestelle und dort mit dem Schiff zu der Insel fahren, die wir immer beim Gassi-Ausflug sehen. Die mit der Kirche und den vielen Häusern. Du wirst sehen, das wird romantisch."

Ich fragte vorsichtig: „Wie kommen wir aufs Schiff? Dort sind doch immer Zweibeiner mit Uniformen, die ziemlich streng unterwegs sind und nur Zweibeiner mit Ticket reinlassen."

Natascha wurde ungeduldig: „Wir sind zwei kleine, junge und flinke Hunde. Bis die mit ihrem Biergemüt schauen, sind wir längst an Bord. Und du als Dackel, du musst doch Jagdfieber haben und Selbstbewusstsein."

Jetzt, wo sie es sagte, wurde mir das auch klar. „Freilich, das machen wir", erwiderte ich mit gespielter Festigkeit, aber innerlich fing ich zu grübeln an. Nur: Wenn ich kniff, war ich sie los, die schöne

Natascha. Das bedeutete: Mir blieb nur die Flucht nach vorn.

Das war für mich eine völlig neue Situation. Ich meine, Hunde machen normalerweise keine großen Lebenspläne, wie die Zweibeiner das oft und ausführlich tun. Sie leben in den Tag hinein, fressen, schlafen, spielen, laufen herum und suchen schöne Weibchen, um sich mit ihnen zu vergnügen. Zukunftsängste und Versorgungsprobleme plagen uns nicht. Dafür haben wir unsere Zweibeiner. Dass unsereins neuerdings strategisch denken muss, das war mir in diesem Moment neu.

Und es war gut, dass wir Pläne schmiedeten, denn zu Hause ging das Spiel weiter. Mein Zweibeiner, der die letzten Tage eher etwas apathisch und abgelenkt wirkte, war verdächtig umtriebig, kramte im Keller herum und putzte sein Auto, saugte die Polster und Teppiche, als ob er es verkaufen wollte. Er putzt es sonst nie. Sehr verdächtig. Die Zweibeinerin tat so, als ob sie das nichts anginge. Aber ich merkte, wie sie ihn heimlich beäugte, wie sie ihn verfolgte und seine Sachen kontrollierte, wenn er nicht im Haus war. Die Spannung stieg an.

Abends nach dem Essen saß er nicht wie gewohnt auf dem Sofa und schaute mit der Fernbedienung in der Hand in den Fernseher. Er packte seinen Koffer. Am nächsten Tag sollte die geplante Geschäftsreise zum neuen Kunden in Österreich starten. „Eine Dienstreise am Freitag übers Wochenende hattest du ja noch nie", meinte sie argwöhnisch. Er schluckte kurz und erwiderte: „Der Kunde wollte mit uns gleich einen Workshop dranhängen, dass wir das Unternehmen und die Produkte besser kennenlernen."

Das Unternehmen und die Produkte? Die Menschen will er kennenlernen, dachte ich bei mir, und da einen ganz konkreten. Er war zweifellos unterwegs zur Friseuse. Zu oft hatte er sich die letzten Tage abends für heimliche Telefonate rausgeschlichen.

Am nächsten Morgen fiel das gemeinsame Frühstück ziemlich kurz aus. Er warf seinen Koffer in das blitzblank geputzte Auto, ein flüchtiger Kuss auf die Wange der Zweibeinerin, und schon war er weg. Und dafür kam ein anderer. Denn es sollte keine Stunde dauern, bis ich Schritte und einen höchst vertrauten Duft wahrnahm. Es roch eindeutig nach Natascha und nach dem öligen Rasierwasser des Trainingsanzugs. Und der hatte sich für diesen Tag eine Extradosis auf die Achseln und die haarige Brust und vermutlich noch woandershin gesprüht. Wie ein römischer Gladiator stolzierte er über das Pflaster zur Haustür. Ich sah ihn vom Garten aus und wartete, bis die Zweibeinerin öffnete.

Die Tür ging auf, und sie blickte zuerst vorsichtig nach rechts und links, ob Leute in der Nähe waren. Dann küssten sie sich auf die Wangen, wobei der Trainingsanzug schon seine Arme um sie legte und ganz auf Tuchfühlung ging. Er röchelte ihr in die Ohrmuschel, dass sie heute besonders scharf aussehen würde, worauf sie zuckte, sich ihre Nackenhaare aufstellten und sie seinen massigen Körper wortlos in den Flur schob. „Da ist er voll der Profi", murmelte Natascha mir zu, „wenn er einmal so weit ist, dann kommt ihm keine mehr aus."

Widerstand von meiner Zweibeinerin war in diesem Moment auch nicht erkennbar. Sie gingen ins Wohnzimmer und ließen Natascha und mich im Garten draußen. Keine Frage, sie wollten alleine sein. Später hörte ich das Zischen der Espressomaschine und das laute Lachen des Trainingsanzugs.

„Der Vormittag ist gelaufen", meinte Natascha kurz und ziemlich schmerzlos. Sie hatte da offensichtlich kein großes Mitgefühl. Eher ging ihr das auf den Wecker. Hunde brauchen geordnete Verhältnisse, wollen wissen, dass das Rudel zusammenhält. Und was nun ablief, das ging ziemlich genau in Richtung Gegenteil. Der angenehme Nebeneffekt war, dass wir viel Zeit für uns hatten. Ich zeigte ihr das Loch, das ich unter dem Gartenzaun gebuddelt hatte, und wir gingen auf Wanderschaft, liefen gemütlich zum Park, wo viele Kinder und kaum Hunde unterwegs waren.

Auf dem Weg Richtung Seeufer trafen wir James, der mit seinem Zweibeiner auf dem Radweg spazierte. Er machte große Augen, als er uns beide allein ohne Zweibeiner sah. „Seid ihr jetzt schon fest zusammen?", grummelte er, und da schwang etwas Neid in der Stimme mit.

„Unsere Zweibeiner sind so mit sich beschäftigt, dass sie keine Zeit für uns haben", warf ihm

Natascha zu. Und das war in mehrfacher Hinsicht auch richtig.

James watschelte weiter Richtung Heimat, und wir setzten uns ans Seeufer und schauten hinaus auf das Wasser. „Siehst du dort drüben die Insel mit der Kirche und dem großen weißen Gebäude? Da will ich hin." Nataschas Blick wirkte völlig verklärt, aber ich machte mir in dem Moment eher Sorgen, ob die Zweibeiner uns überhaupt vermissten. Vielleicht würden sie ja froh sein, uns los zu sein. Denn wenn sie sich neu zusammentaten, hätten sie auch ein Hundeproblem: wer sich um welchen Hund kümmert. Und eines hatten wir schon kapiert: Wenn die Zweibeiner im Liebestaumel sind, dann bist du als Hund der komplette Nebendarsteller. Und das konnte kein Dauerzustand sein. Nicht für mich und Natascha. Außerdem waren da noch meine ganz persönlichen amourösen Ambitionen, die gerade jetzt, wo wir viel Zeit miteinander verbrachten, so naheliegend waren wie nie.

Wir machten uns einen schönen Vormittag am Seeufer, holten uns Sandwichreste und Eiswaffeln aus den Mülleimern bei der Imbissbude und sonnten uns am Strand. Fast so wie die Zweibeiner es machen. Nur dass wir uns nicht mit ekligem Ölzeugs einschmieren müssen. Natascha hatte mir gegenüber die üblichen Vorsichtsmaßnahmen abgelegt, war also auf meiner Seite. Wenn dann die richtige Zeit käme, da war ich sicher, dann würde das perfekt für mich laufen.

Vorher mussten wir noch nach Hause zurück, was wir so gegen Mittag dann auch taten. Die Zweibeinerin und der Trainingsanzug waren offensichtlich immer noch beschäftigt. Wir setzten uns auf die Terrasse, und ich fing an, ein wenig zu bellen. Nicht sehr laut, aber so, dass man es oben im Schlafzimmer hören konnte.

Das Signal kam gut an. Wenige Minuten später quietschte schon die Terrassentür, und eine ziemlich aufgewühlte Zweibeinerin im Morgenmantel und mit einer zerzausten blonden Mähne stand vor mir. Im ganzen Haus roch es nach dem aufdringlichen Rasierwasser des Trainingsanzugs. Aus dem Schlafzimmer im Obergeschoss hörte ich ihn schwer schnaufen. Keine Frage, er war zum Zug gekommen. Vielleicht würde hier in ein paar Monaten eine Horde kleiner Trainingsanzüge rumlaufen, die alle nach pappigem Rasierwasser rochen. Keine gute Vorstellung für mich. Natascha stand neben mir und konnte offensichtlich meine Gedanken lesen. „Wenn das morgen so weitergeht, dann machen wir uns aus dem Staub", sagte sie. Ich nickte nur.

Auch kleine Hunde lieben
große Abenteuer

Dass das Leben am Chiemsee so aufregend wird, das hätte ich mir nicht gedacht. Ein Umzug von der Großstadt in die bayerische Provinz, da hatte ich nach meinen ersten Eindrücken auch kein viel anderes Bild entwickelt, als es wahrscheinlich meine Zweibeiner vorher schon hatten: gemütliches Landleben in der Natur, entspannte Spaziergänge am See und langweilige Nachbarn mit merkwürdigen, verzogenen Hunden, die den halben Tag nur auf der Terrasse sitzen und Kaffee trinken. Die Nachbarn natürlich, nicht die Hunde. Aber die bellen dafür den Briefträger wie verrückt an, weil sonst nichts los ist. So kam mir das hier in meiner neuen Heimat zuerst einmal vor, was eigentlich so falsch auch wieder nicht war, weil es all das ja auch gibt.

Aber nun hatte ich eine Fast-Geliebte, mit der ich eine verwegene Abenteuertour plante, und eigene Zweibeiner, die voll am Durchdrehen waren. Und ich hatte das Gefühl, dass ich am einen Tag nicht wusste, was der nächste bringen würde. Also, wenn man so will, genau das Gegenteil von bayerischem Landleben. Ich hatte eine gewisse Zeit nötig, um mich an diese Dauerkonfusion zu gewöhnen. Irgendwie würde es ja weitergehen. Und wenn ich an meine Vorfahren dachte: Die waren ohne Zweibeiner unterwegs, mussten sich selbst mit der Jagd ernähren und wussten noch weniger als ich, was morgen sein würde. Als echtem und reinrassigem Dackel sollte dir das also nichts ausmachen. Im Gegenteil. Du bist der geborene Jäger und Held und zeigst den Hundedamen, wie man Probleme löst und sich durchs Leben schlägt.

Ich fand mich toll, wusste aber, dass ich Natascha gegenüber etwas zurückhaltender sein sollte. Denn die kannte mich ja schon ganz gut, und eigentlich war es sie, die die Ideen hatte und den Kurs vorgab. Da würden Angebereien nicht gut ankommen. Schließlich hatte ich mit ihr ja noch was vor.

Am nächsten Morgen waren die Zweibeinerin und ich allein. Viel geredet hat sie nicht. Das Handy klingelte immer wieder mit irgendwelchen SMS, deren Absender ja nicht schwer zu erraten war. Nachdem sie mich kurz fürs Geschäft rausgelassen hatte, trank sie Kaffee und hörte Musik. Ich fragte mich, ob nun die Hausbesuche das Gassigehen ersetzen und wie ich mit Natascha zusammenkommen würde. Ich war nervös, denn unsere Flucht stand unmittelbar bevor, und ich wusste nicht, wann und wie wir das durchziehen sollten. Außerdem kannte ich die Gegend nicht so gut, dass ich den Weg zu der Schiffsanlegestelle finden würde. Aber das war Nataschas Job. Die hatte Heimvorteil.

Die Zweibeinerin stellte mir eine Schüssel mit Dosenfutter auf den Küchenboden. Das tat sie immer, weil sie die Überreste auf den Fliesen leichter aufputzen konnte. Ich war zerrissen. Einerseits hatte ich keinen Appetit wegen meines Reisefiebers. Andererseits wusste ich, dass ich mir richtig den Bauch vollschlagen musste, weil ich keine Ahnung hatte, wie lange die Tour dauern und wann wir irgendetwas Fressbares auftreiben würden. Immer nur aus Mülleimern und von Grashalmen kann auch ein Dackel nicht leben. Und dass ich als Hund in einen Supermarkt laufen und shoppen kann, das habe ich zwar schon oft geträumt, aber in der Realität ist das bekanntermaßen ja nicht möglich.

Ich habe dann doch die Schüssel leer gefressen und mich anschließend ziemlich matt auf den dicken Teppich im Schlafzimmer gelegt, der einer meiner Lieblingsplätze im Haus ist. Die Zweibeinerin stand im Badezimmer neben der Wanne und hat sich die Beine rasiert. Wahrscheinlich für den Trainingsanzug, den machte das bestimmt an. Ich stellte mir vor, wie das aussehen würde, wenn wir Hunde das täten. Natascha mit rasierten Vorder- und Hinterläufen. Eine schreckliche Vorstellung. Die ganzen feinen Gerüche, die sich im Fell verstecken, die wären dann alle weg. Wie grässlich.

Dann klingelte es unten. Ich sprang hoch, bellte standesgemäß und lief die Treppe hinunter. Draußen stand der Trainingsanzug, schob seine übliche Rasierwasserwolke in den Hausflur hinein und pfiff ein Liedchen. Neben ihm war Natascha an der Leine und wedelte heftigst mit dem Schwanz. Wegen mir? Wegen unseres Ausflugs? Wegen beidem, dachte ich keck. Die Zweibeinerin war noch im Bademantel, was den Trainingsanzug nicht störte, der ihr auf die Backe schmatzte und an die Pobacken griff, dass sie mit einem leichten Zucken nach vorne wankte und ihm noch näher kam.

Er versteht sein Handwerk, dachte ich und leckte Natascha ein wenig am Ohr, was die wiederum nicht so wahnsinnig begeisterte. Sie trippelte nervös im Hausflur hin und her, bellte mich kurz an und gab mir zu verstehen, dass es bald losgehen sollte. Klar. Die Zweibeinerin und der Trainingsanzug würden gleich nach oben ins Schlafzimmer verschwinden, und dann würden die vom Rest der Welt für die nächsten paar Stunden nichts mitbekommen. Es war ja auch Samstag. Draußen schien die Sonne, und da waren garantiert so viele Ausflügler unterwegs, dass wir beiden kleinen Fiffis uns locker aufs Schiff schmuggeln konnten.

Der Trainingsanzug hielt eine Plastiktüte hinter seinem Rücken versteckt. Aus der zog er jetzt eine Proseccoflasche heraus. Die beiden stolperten die Treppe hinauf und ließen uns einfach im Flur stehen. Eigentlich eine Unhöflichkeit, dachte ich. Aber heute waren besondere Umstände. Da war alles ein wenig anders.

Natascha und ich schauten uns an, und es war klar: Jetzt geht es los. Ich hatte auch keine Lust, den Krach anzuhören, den Zweibeiner machen, wenn sie sich paaren, wenn das Bett hin und her rutscht, die Matratzen quietschen und sie selbst johlen und stöhnen.

Die Haustür war nun leider geschlossen, und für die Türklinke waren wir zu klein. Aber zum Glück war die Terrassentür offen. Wir mussten also kein Bellkonzert veranstalten, damit einer von den beiden aus dem Schlafzimmer kommt und uns in den Garten hinauslässt. Wir liefen rasch nach draußen, krochen an meiner Buddelstelle unter dem Zaun hindurch, und weg waren wir. Natascha, die Einheimische, übernahm gleich die Führung, und wir liefen die Straße entlang, dann am Park vorbei, wo James, der Basset, stand und uns ungläubig beobachtete. Für Smalltalk hatten wir keine Zeit. Wir nahmen den Fußweg hinunter zum See, mussten unterwegs auf die Radler aufpassen, die am Wochenende hier wie Bienenschwärme unterwegs waren. Dann sahen wir schon das Glitzern des Sees und spürten den Geruch von Fisch und fauligem Wasser in unseren Nasen. Was für ein verführerischer Duft.

Wir haben uns mit den vielen spannenden Gerüchen neben dem Weg nicht beschäftigt. Wir hatten ja schließlich ein klares Ziel. So schnell und schnurstracks zu laufen, ist für uns Hunde eher ungewöhnlich. Normalerweise schnüffeln wir rechts und links, suchen uns spezielle Plätze, wo wir uns wälzen können, und schauen, ob irgendwo was Fressbares rumliegt. Heute war das anders. Auch andere Hunde interessierten uns nicht. Uns hatte eben das Abenteuerfieber gepackt, und wir wollten so schnell wie möglich zu den Schiffen. Unterwegs kamen wir an einer Wiese vorbei, auf der viele Zweibeiner in der Sonne lagen. Ein süßlicher Duft von Sonnenöl vernebelte unsere sensiblen Nasen. Spielende Kinder lärmten an einer Schaukel. Krach und schlechte Gerüche sind nichts für Hunde wie uns.

Endlich sahen wir die Schiffsanlegestelle, wo schon eine längere Schlange aus Zweibeinern wartete. Natascha blieb kurz stehen und überlegte. „Wir müssen uns einen Plan ausdenken, wie wir auf das Schiff und durch die Kontrolle kommen", sagte sie.

„Wie willst du das machen?", fragte ich.

„Wir schleichen uns in der Schlange nach vorne und tun so, als ob wir zu irgendwelchen Zweibeinern gehörten. Dann warten wir, bis die Kontrolleure abgelenkt sind."

„Das klingt gut", antwortete ich, und das gefiel mir auch. Wir schlichen uns also an die Schlange heran und suchten uns einen geeigneten Platz. Weit vorne sahen wir einen Schäferhund, der zu einem älteren Paar mit Lederhosen und Dirndl gehörte. Er beäugte uns schon und wartete wohl darauf, dass er uns anmachen könnte.

„Stress mit anderen Hunden können wir jetzt gar nicht brauchen", sagte Natascha sehr bestimmt. Keine Frage, sie war mittlerweile der Chef von uns beiden. Und ich, der Dackel, der tapfere Jäger, war ihr Gehilfe. Das gefiel mir eigentlich nicht, aber die besseren Ideen hatte einfach sie.

Wir blieben in der Mitte der Schlange, und Natascha machte sich an zwei Kinder heran. Zwei Mädchen, die uns beide entdeckten und sofort mit der üblichen Kindernummer loslegten. Sie bekamen große Augen und quietschten laut. „Süüüß. Die beiden Hunde sind so süß, Papa", plärrten sie in die Schlange.

Der Papa, ein großer, dünner Mann mit kahlem Schädel und einer langen, krummen Nase wie ein Vogelschnabel, fand uns nicht ganz so süß. „Das sind fremde Hunde. Die gehören bestimmt irgendjemandem", sagte er mit tiefer, fester Stimme, und das klang sehr überzeugt. Aber er hatte die Rechnung ohne Natascha gemacht. Die kuschelte sich an eines der beiden Mädchen heran, wetzte ihr Fell an deren Beinen, rieb ihre Schnauze an ihr und guckte sie mit dem üblichen „Gib mir bitte was zu fressen"-Blick an.

Das reichte fürs Erste. Die beiden Mädel fielen halb in Ohnmacht. Ich musste nur noch dastehen und lieb in ihre Augen schauen. „Papaaaa", intonierten sie fast unisono, „die wollen doch mit uns spielen, bitte." Das klang nun aus den Kindermündern nicht wie eine Bitte, sondern wie eine Anweisung. Der drohende Unterton nach dem Motto „Wenn du das nicht tust, ist der Tag gelaufen" war nicht zu überhören. Der Vater hatte keine andere Wahl, blickte genervt zum Himmel und antwortete mit einer fast verzweifelten Stimme: „Okay. Aber kommt ihnen nicht zu nahe, und keine Küsse auf die Schnauze." Darauf stehen wir nun wirklich nicht.

Ein Mädchen fing an, meinen Rücken zu kraulen, was ich gut fand, bis sie dann mit meinen Ohren spielen wollte, was ich gar nicht gut fand. Nur: Anknurren und bellen, das ging in diesem Moment gar nicht. Das hätte nur unsere Aktion gefährdet. Ich musste mir also die kindertypischen Liebkosungen, die ja bekanntlich recht grob werden können, gefallen lassen und gute Miene zum bösen Spiel machen. Natascha erging es kaum besser. Das andere Mädel krallte mit den Fingernägeln in ihrem Fell und zog sie am Schwanz. Meine Freundin hatte schon einen Blick drauf, der eine Mischung aus Wut und Verzweiflung ausdrückte.

Endlich brachte sich die Mutter der Kinder ins Spiel. Eine dünne Frau mit roten Zöpfen, die aussah wie eine in die Jahre gekommene Pippi Langstrumpf. „Kinder, quält die armen Hunde nicht so. Seid lieb zu ihnen", rief sie mit einer hellen, fast trompetenhaften Stimme herüber.

Die Mädel stockten für einen Moment, zogen ihre Finger aus unserem Fell und gingen etwas auf Distanz. Mittlerweile waren wir nur noch ein paar Meter vom Einstieg entfernt, wo zwei dicke Männer in dunkelblauen Uniformen standen und die Fahrkarten kontrollierten.

Natascha blickte zu ihnen hinüber und musterte sie. „Mit denen wird's nicht schwer", meinte sie selbstsicher. „Häng dich an die Mädels ran", bekam ich von ihr die Anweisung.

Ich machte ein paar Schritte und fing an, an einer der beiden mit der Schnauze zu rubbeln. Sie kicherte und streichelte meinen Nacken, was ich nicht unangenehm fand. Vor uns war nun der lange Vater der beiden und hielt den zwei Uniformierten die Fahrscheine entgegen. Natascha verstecke sich hinter seinen langen Beinen und wartete ab. Ich tat das Gleiche.

Einer der beiden Dicken sagte dann: „Was hamma do? Zwoa Erwachsene und zwoa Kinda." Er schaute mit seinen blutunterlaufenen Augen auf den Vater und die beiden Mädel, die vor der Pippi-Langstrumpf-Mutter standen und zu uns heruntergrinsten. Der andere Dicke schnaufte schwer wie eine Dampflok, beugte sich zu uns und schickte erst einmal eine säuerliche Bierfahne in unsere Richtung. Mir wurde übel. „Do san aa no de zwoa Hund", rülpste er. Der andere schien das nicht ganz verstanden zu haben: „Wos fia Hund nachad?"

Dann mischte sich der Vater ein und sagte streng zu dem vorderen der beiden Dicken: „Die gehören nicht zu uns." Der Dicke dazu: „Aber fir de Hund muaßd aa wos zoin." Der Vater verstand das nur teilweise und wiederholte: „Ich hab doch gesagt, die gehören nicht zu uns."

Beim Dicken änderte sich nun der vorher eher joviale Gesichtsausdruck schlagartig, und er schaute dem Vater mit seinen blutunterlaufenen Augen ernst ins Gesicht. Sie waren abgelenkt und miteinander beschäftigt. Das war unsere Chance. Natascha sprang hinter dem Bein des Vaters hervor und schoss über den Holzsteg aufs Schiff. Ich sauste hinter ihr her.

Rechts war eine Treppe, die nach oben ins Freie auf eine Terrasse führte. Natascha nahm die Treppe, damit wir aus dem Blickfeld der beiden Dicken verschwinden konnten.

„Öha", hörte ich noch einen der Schiffsleute schreien, und der andere rief dem Vater zu: „Do muaßt jetz nochzoin."

Der Vater wurde nun auch lauter, aber wir interessierten uns nicht mehr für die Auseinandersetzung. Wir waren auf dem Schiff, und der Mann mit seinen nervenden Mädeln brauchte uns jetzt wirklich nicht mehr zu kümmern.

Wir krochen unter die Bänke, vorbei an dicken Frauenbeinen in Strumpfhosen und käsigen Männersandalen, und legten uns in eine Ecke, bei der wir davon ausgehen konnten, dass die beiden Dicken dort nie hinfinden würden, und wenn, dann würden ihre Körper sich nie unter die Bank zwängen können.

Es dauerte noch ein paar Minuten, dann kam ein dunkles Grollen von dem Dieselmotor, das Schiff bewegte sich und die Reise begann. „Schade, dass wir nicht mehr von der Schifffahrt sehen", meinte ich zu Natascha, worauf sie nur kurz sagte: „Sicherheit geht vor, und auf der Insel sehen wir noch mehr als genug."

„Woher weißt du das alles?", fragte ich sie.

„Meine Zweibeiner, also vor allem meine Zweibeinerin, liebt die Fraueninsel, und sie hat mich schon oft mitgenommen."

Kein Wunder, dachte ich, sie heißt ja auch Fraueninsel. „Was habt ihr auf der Insel gemacht?" setzte ich nach.

„Vor allem spazieren gehen und einkehren. Meine Zweibeinerin geht besonders gern in ein Lokal, das mitten auf der Insel unter großen Bäumen ist und wo es ihr vor allem der Apfelkuchen angetan hat", erzählte sie weiter.

Apfelkuchen, hhhm. Oben bei den Zweibeinern roch es nach Keksen, und ich hörte das knappe, trockene Geräusch, wenn sie in die Kekse beißen. Bei uns unten landete aber kein einziger Krümel. Mittlerweile drehte sich das Schiff etwas, und ich hatte das Gefühl, dass wir an der Insel waren. Aber an welcher?

Die Menge der Zweibeiner kam nun etwas in Bewegung. Viele standen auf und verließen die Bänke Richtung Mitte. „Nächste Station Fraueninsel", krächzte eine Stimme aus den Lautsprechern, und wir waren zufrieden. Nur mussten wir jetzt womöglich wieder durch die Kontrolle.

„Beim Aussteigen kontrolliert keiner", kam von Natascha. Mein Gott, was war sie für ein Profi. Tatsächlich verlief das Aussteigen ziemlich problemlos. Die beiden Dicken sahen wir rechts und links neben dem Ausgang stehen, wie sie miteinander plauderten und von den Fahrgästen keine Notiz nahmen. Wir schlüpften geschwind zwischen den Zweibeinern durch und mussten nur aufpassen, dass uns keiner versehentlich einen Fußtritt verpasst. Wir landeten auf einem langen Holzsteg und rannten vorbei an der Zweibeinermenge, die sich wie eine Riesenschlange langsam Richtung Insel bewegte. Vorne standen wir dann vor einem Lokal, wo es verdammt gut nach Essen roch. Bratwürstl waren dabei, Schweinsbraten und Kaiserschmarrn. Mein Kopf war für einen Moment leicht verwirrt, und mein Magen fing an zu arbeiten. Aber egal. Wir waren am Ziel, und der Rest würde sich ergeben. Auch ohne unsere Zweibeiner. Wir waren allein, und wir waren frei. Ein Liebespaar auf großer Reise.

Überlebenskampf auf der Insel

Ein Hundepärchen auf einer romantischen Insel. Keine schlechte Geschichte, fand ich. Wir waren an diesem Tag aber nicht allein auf der Fraueninsel. Vor dem Kloster tummelten sich viele Urlauber, und wir beide mussten Slalom durch die Menge laufen und immer aufpassen, dass kein Uniformierter unsere Wege kreuzt. Ich schlug Natascha vor, dass wir einfach mal rumlaufen und die Lage peilen. Sie nickte nur kurz, und wir machten uns auf den Weg an der Klostermauer vorbei zu einer alten Kirche, wo es bald ruhiger wurde. Auf der Insel waren auch einige Hunde unterwegs, die aber alle eng an der Leine gehalten wurden. Wenn viele Zweibeiner auf den Wegen sind, geht es uns Hunden schlecht, weil keiner von ihnen will, dass wir keifen oder Kinder und alte Leute erschrecken.

So gesehen waren wir beide privilegiert. Denn hier einfach so rumlaufen und alles beschnüffeln, was interessant riecht, das konnten nur wir. Neben dem Friedhof begegnete uns ein schwarzer Schnauzer mit einem jungen Pärchen, das offensichtlich recht verliebt war. Der Schnauzer sah uns, guckte verlegen und wedelte dann mit dem Schwanz. „Hey, ich würde so gerne mit euch kommen."

Natascha hatte Mitleid mit ihm: „Das wird schwer. Vielleicht gibt es eine Gelegenheit, wenn die beiden beim Knutschen deine Leine vergessen und sie einfach hinlegen und nicht festbinden."

Der Schnauzer war eine Schnauzerdame und bekam große Augen. „Wo treffe ich euch dann?"

Ich antwortete ihr: „Wir sind dort oben bei den hohen Bäumen beim Biergarten. Wir brauchen was zu futtern." Ich musste endlich mal die Initiative ergreifen, anstatt immer nur hinter Natascha herzutrotten.

Von der Schnauzerdame kam noch ein zustimmendes „Wuff", dann wedelte sie wieder mit dem Schwanz. Ihr Zweibeinerpärchen hatte uns bis dahin gar nicht bemerkt. Sie standen eng umschlungen am Wegrand, schauten zu der alten Kirche und flüsterten sich ins Ohr, wie schön es zusammen sei. Das wird sich auch bei euch irgendwann ändern, so wie bei meinen Zweibeinern, dachte ich mir. Ein letzter Blick zur Schnauzerdame, dann liefen wir auf dem Schotterweg bergauf zu den großen Bäumen. Wir hielten uns am Grünstreifen, weil dort weniger Zweibeiner tippelten, die es nicht gewohnt sind, mal nach unten zu schauen, ob da kleine Hunde unterwegs sind.

So ungerecht ist die Welt. Wenn wir zwei Bernhardiner oder Doggen gewesen wären, dann wären sie schon in zwanzig Meter Abstand auf die Wiese gehüpft vor Angst. Aber uns nahm keiner ernst. Leute, auch Dackel können kneifen und beißen und zur Bestie werden. Lasst euch das gesagt sein.

Ich weiß nicht, ob es Übermut war oder ob mich der wachsende Hunger trieb. Aber es stieg Abenteuerlust in mir auf, und das Rumlungern zu zweit machte mir immer mehr Spaß. „Komm", sagte ich zu Natascha, „wir versuchen mal unser Glück in dem Biergarten bei den großen Bäumen. Dort ist viel los, und dort riecht es allerbestens." Jetzt lief sie mal mir hinterher, was mich mit Stolz erfüllte. Endlich konnte ich meine Statistenrolle loswerden.

Der Biergarten vor dem Gasthaus war ziemlich voll und die Geräuschkulisse entsprechend intensiv. „Lass uns lieber wieder nach Kindern Ausschau halten. Die kriegen wir am leichtesten rum", gab ich Natascha zu verstehen. „Oder alte Zweibeinerinnen", kam von ihr zurück.

Das war auch richtig. Nur füttern einen die meistens mit Kuchenstücken, und die schlagen mir mit dem fetten Sahnezeug auf den Magen. Lieber wäre mir ein Schnitzel oder wenigstens ein Wurstbrot gewesen. Nach Wurstbroten hat das Lokal aber nicht ausgesehen. Die Kellner liefen in schwarzen Hosen und schwarzen Westen mit weißen Hemden rum und sahen alle sehr ernst und konzentriert aus. „Auf die müssen wir aufpassen", rief ich meiner Begleiterin zu. Unnötig eigentlich, denn das hat sie schon mitbekommen und ist vor einem dieser dunklen Typen unter einem Tisch verschwunden. Er hat sie nicht gesehen, und ich war mir sicher, wenn sie uns als streunende Hunde erkennen, dann gibt's Lokalverbot.

Ich kroch dann auch unter einen Tisch und wartete erst mal ab. Vor mir waren Frauenbeine in Nylonstrümpfen mit hellen Lederschuhen. Nichts, was junge Mädel tragen, sondern eher Oma-Klamotten. Oben roch es süß nach Torte, dazwischen war auch eine Salami-Note. Ich überlegte mir eine Taktik, wie ich ohne Risiko anbandeln und Zugang zu den Tellern bekommen könnte. Am besten funktioniert das bei den älteren Zweibeinerinnen, wenn du dich vor ihnen auf die Hinterbeine setzt, sie anwinselst und mit der Pfote nicht zu fest an ihren Oberschenkel tappst. Dazu legst du den Mitleidsblick auf. Am Nachbartisch kam Natascha bei einer Familie mit einem kleinen Kind unter. Der Junge saß neben der Mutter und mampfte eine Currywurst mit Pommes.

Die Lage unter dem Tisch war gut, weil die Kellner uns für die Hunde der Zweibeinerdamen hielten und wir zunächst vor ihnen Ruhe hatten. Ich schob mich dann langsam unter dem Tisch hervor, schaute hinauf, welche der Zweibeinerinnen einen guten Eindruck machte. Da war eine rundliche, blond gelockte Zweibeinerin in einem hellen Kostüm und einer weißen Rüschenbluse. Sie roch wie viele ältere Zweibeinerinnen nach einem ganz speziellen Parfüm. Meine Zweibeinerin zu Hause nannte es Kölnisch Wasser und lästerte darüber. Aber Wasser war es nicht. Dazu war der Geruch zu süß und zu heftig.

Egal. Ich setzte mich vor sie auf die Hinterpfoten, schaute sie mitleidheischend an und wartete. Sie redete oben mit ihren Nachbarinnen und nahm mich zunächst nicht wahr. Ich schluchzte kurz. Dann drehte sie sich zu mir und schaute runter. Ihr

Gesicht veränderte sich schlagartig. „Mei, a Daggl", posaunte sie mit ihrer hellen, hohen Stimme. Es war echte Freude. Das spürte ich.

Die anderen Zweibeinerinnen beugten sich nun auch zu mir. „A so a liaba Kerl", jauchzte eine Dunkelhaarige, die auch nach dem Kölnisch Wasser roch und deren Hände glitzerten wie die Vitrine eines Juwelierladens. Dann wieder die Blonde: „Wia mei Mo no glebt hod, do ham ma aa so oan ghabt", sang sie fast. „Und der war so a liaba Kerl. Aber a Dickschädl war a fei aa", wobei sich bei diesen Worten die Stimme etwas änderte und tiefer und ernster wurde. Aber dann lächelte sie mich wieder an wie eine junge Verliebte und griff nach meinem Kopf, streichelte über meine Stirn. Ich blieb eisern stehen, guckte ihr fest in die Augen und schluchzte noch einmal.

Das saß. „Mei, der hod bestimmt an Hunga", sagte sie zu den anderen Zweibeinerinnen und griff auf ihren Teller, auf dem der Rest eines Salamibrotes lag. Sie brach ein Stück ab und legte es auf ihre Handfläche. Ich schnappte gierig danach, schlang es runter und schleckte mit der Zunge zum Dank über ihre Hand, was sie vollends beglückte. Ich weiß, wie man mit solchen Zweibeinerinnen umgehen muss. Ich bin ja nicht blöd. Ich bin ein Dackel.

Ihre Hand wanderte wieder zum Teller, wo sie das nächste Stück vom Salamibrot brach und es wieder servierte. Das Spiel wiederholte sich noch zweimal, dann war der Teller offensichtlich leer, mein Magen aber noch nicht voll. Noch lange nicht. Ihr verliebter

Blick sagte mir, dass meine Chancen auf weitere Versorgung gut standen. Auf der anderen Seite saß die Dunkelhaarige, die mich ebenfalls fixierte und die, das war ganz klar, auch ein paar Liebesbeweise von mir ersehnte. Die älteren Zweibeinerinnen sind ja ein dankbares Publikum, die vom Rest der Welt wenig beachtet werden, aber umso liebebedürftiger sind. Manchmal denke ich, dass ich zu Hause lieber solche Mitbewohnerinnen hätte, die viel einfacher zu manipulieren wären. Ihr einziger Nachteil ist nur, dass sie es mit dem Gassigehen nicht so haben und eher bequem und häuslich sind. Ideale Partner für einen Hund im Seniorenalter.

In der jetzigen Situation waren aber andere Dinge wichtiger. Ich wandte mich der Dunkelhaarigen zu, bei der es außer nach Kölnisch Wasser noch nach Apfelkuchen roch. Nicht meine Leibspeise, aber zur Not auch in Ordnung. Ich wiederholte mein Liebesspiel und strich ihr sanft mit der Pfote über den Rock am Oberschenkel, wobei ich wieder fest und nachhaltig winselte. Der Rest des Apfelkuchens wanderte zügig in meinen Magen, wobei ihn eine Zugabe aus Schlagsahne begleitete. Ich war überrascht, wie einfach die Nahrungsbeschaffung funktionierte. Bei den Zweibeinern ist eben alles Psychologie. Als Hund musst du mit ihnen nicht kämpfen. Du musst wissen, wo ihre Schwächen und ihre Sehnsüchte sind, und kannst sie so auf deine Seite bekommen.

Ich erhob mich von den Hinterpfoten und wedelte mit dem Schwanz. Das mögen die Zweibeinerinnen auch gerne. „Di daad i glei mit hoam nehma", säuselte mir die Blonde ins Ohr und streichelte mich wieder. Das ginge nur im Doppelpack, dachte ich, und dabei fiel mir ein, dass Natascha am Nachbartisch war. Ich drehte mich hinüber und sah, wie sie am Stuhl des kleinen Zweibeiners stand und der an ihren Haaren und ihren Ohren zupfte. Natascha ließ das sichtlich widerwillig über sich ergehen. Dann rutschte der Junge von seinem Stuhl, packte sie am Schwanz und zog heftig. Natascha jaulte, drehte sich und knurrte. Da versetzte er ihr einen Tritt in den Bauch, und Natascha flog seitlich auf den Kiesboden.

Mir stellten sich alle Haare auf. Ich bekam eine Mordswut und sprang hinüber zum Nachbartisch, schnappte nach dem frechen Kerl und biss ihm voll in die blassen Waden. Er schrie auf und sprang zu seinem Stuhl, auf dem er bäuchlings landete. Hinter mir hörte ich noch ein lautes, blechernes Krachen, und mir war sofort klar: Wir mussten abhauen.

„Los, Natascha, wir verschwinden", rief ich ihr zu, und wir wieselten von dem Tisch weg über den Weg zu den hohen Bäumen, die etwas außerhalb des Lokals standen. Am Rand des Biergartens drehte ich mich noch einmal um und sah einen der schwarzen Kellner am Boden liegen, zwischen den Scherben mehrerer Kaffeetassen. Er warf einen wütenden Blick in meine Richtung. „Du Drecksköter, ich bring dich um", schrie er.

Ich rannte mit aller Kraft weiter zu den hohen Bäumen, wo Natascha wartete.

Wortlos liefen wir dann ein Stück weiter auf eine Wiese, wo das Gras so hoch war, dass wir nicht so leicht zu erkennen waren. Wir schnauften erst mal durch und blickten uns erschöpft, aber glücklich an. Noch einmal gut gegangen. Aber es war knapp gewesen. „Hast du was zum Futtern bekommen?", fragte ich sie.

„Zuerst gab mir der Mistkerl etwas von seinen Schokokeksen und zwei Gummibärchen, und dann wollte er spielen", erzählte sie. „Was der halt so unter Spielen versteht."

Die alten Vorurteile hatten sich einmal mehr bestätigt. Die Zweibeinerkinder sind schwer kalkulierbar. Sie können nett zu dir sein, aber gerade als kleiner Hund bist du für sie wie Spielzeug. Wie ein Teddybär, mit dem sie knuddeln können, den sie aber auch mal richtig strapazieren, wenn es ihnen Spaß macht. Dass so ein Hund auch Gefühle und Schmerzen hat, interessiert die nicht. Da sind die Zweibeinerseniorinnen viel dankbarer. „Ich denke, in Zukunft halten wir uns mehr an die älteren Zweibeinerinnen. Das ist wesentlich sicherer", sagte ich.

Zuerst wollten wir uns etwas ruhigeres Terrain suchen und liefen über die Wiese, dann vorbei an alten Häusern, aus denen es ziemlich heftig nach Fisch roch. Wir lugten durch den Zaun und sahen, wie Zweibeiner an Bänken saßen und in der Hand Steckerlfische hatten, von denen sie Fleisch runterzupften. Mir persönlich war der Appetit etwas vergangen. Außerdem hatte ich ja auch eine brauchbare

Portion Essbares bekommen. Aber Natascha war mit Keksen und zwei Gummibärchen noch ziemlich unterversorgt.

Neben den Bänken mit den Zweibeinern war ein Holzschuppen, und auf der rückwärtigen Seite stand eine Mülltonne mit einem Deckel darauf, aus der es stark nach Fisch roch. Die Tonne war natürlich für uns zu hoch. Aber daneben stand ein Stapel Brennholz, der sich als Rampe anbot. Das Problem war nur, dass ein Zweibeiner immer wieder zu der Tonne lief und Reste vom Fisch hineinwarf. Auch wenn das andererseits ja gut war. Wir mussten nur schauen, wie wir ungestört an den Tonneninhalt kamen.

Wir schlichen durch das Gartentor, dann seitlich am Zaun entlang zum Schuppen, damit uns die mampfenden Zweibeiner nicht sahen. Wenn wir uns hinter den Holzstapel duckten, konnte uns der Zweibeiner nicht erkennen, wenn er wieder Fischreste in die Tonne warf. Ich spürte, wie Natascha der Magen knurrte, und ich überlegte mir einen Plan. Ich bin schließlich der Dackel, der Jäger, der die Beute erlegt.

Ich erklärte ihr meinen Plan, und sie nickte voller Vorfreude. Es begann mir Spaß zu machen, und es weckte Dackel-Urinstinkte in mir. Natascha legte sich auf den Bauch. Ich stieg mit meinen Pfoten auf ihren Rücken, krallte mich am Holzstapel fest und setzte mit den Hinterpfoten zum Sprung an. Ich landete auch oben, aber es knallten einige Holzteile nach unten. Ich blickte besorgt nach vorne, ob der Krach einen Zweibeiner neugierig gemacht habe.

Aber niemand kam. Der Lärm von den schmatzenden und redenden Gästen war wohl laut genug.

Ich tastete mich weiter nach vorne, und meine Vorderpfoten bekamen Kontakt mit der Blechtonne. So konnte ich den Deckel leicht nach vorne schieben. Nur, wie kam ich an die Fischreste, die einen halben Meter weiter unten lagen? Wenn ich hineinsprang, käme ich nie wieder raus. Das war mir in dem Moment klar. Andererseits hatte ich nicht viel Zeit. Ich musste schnell handeln.

Dann kam mir die Idee, die Tonne im Sprung umzuwerfen, schnell einige Happen zu fassen und abzuhauen. Natascha fand die Idee gut und wartete geduldig. Ich schob den Deckel noch weiter nach außen, dass er nicht nach unten fallen konnte, aber so lag, das er beim Umfallen nicht im Weg war. Ich überlegte noch eine Sekunde, dann sprang ich auf den oberen Rand der Tonne, die nach unten schnappte. Ich fiel auf die Seite, landete einigermaßen weich auf dem Gras, aber dann schwappte ein Berg von Fischresten auf mich und begrub mich. Ich riss mich hoch, schüttelte mich. Natascha schnappte gierig nach Fleischstücken, an denen keine größeren Fischgräten hingen. Ich holte mir auch ein paar Teile, dann hörte ich Schritte näherkommen. „Schnell weg", rief ich.

Wir sausten am Zaun entlang zum Gartentor und dann rechts über den Weg in Richtung Seeufer, wo wir uns hinter einem großen Busch verstecken konnten. Natascha kaute noch an einigen Fischstücken.

Mein Fell roch wie ein alter, fauler Hering, und es hingen noch Gräten und Fleischstücke in meinen Haaren, die aber von Natascha schnell weggezupft und, sofern möglich, verspeist wurden.

Wir lagen eine Weile hinter dem Busch und entspannten uns. Mein Fischgeruch war mir nicht unangenehm. Eine neue, interessante Note. Natascha hatte auch nichts dagegen. Sie schnupperte immer wieder an mir. Ich sollte mich öfter als Fisch verkleiden, dachte ich. Das würde unserer Beziehung sicher nicht schaden. Diese Art, sich für den Partner interessant zu machen, kennen die Zweibeiner nicht. Sie sind da anders. Sie sprühen sich mit Parfüms ein, um den anderen zu betören. Wobei da die Geschmäcker auseinandergehen. Die Zweibeiner haben Tausende von verschiedenen Düften zur Wahl, und das macht das Ganze kompliziert. So wie die Zweibeiner eben immer kompliziert sind. Andererseits gibt es nichts Schöneres, als nach gutem Essen zu duften. Das mag jeder. Jeder Hund zumindest.

Wir beide gönnten uns ein kleines Mittagsschläfchen. Dann überlegten wir, was wir tun sollten: die Nacht hier verbringen oder versuchen, wieder aufs Festland zu kommen? Ich war fürs Hierbleiben. Eine Nacht mit meiner Natascha auf der Insel. Da kannst du auch den Hunger aushalten. Hoffentlich.

Zwischen Gefängnis und Freiheit ist nur ein kleiner Spalt

Ein Leben ohne Zweibeiner, ganz alleine zu zweit: eine ziemlich neue Erfahrung für uns beide, die wir aber nach den ersten überstandenen Abenteuern mittlerweile einigermaßen locker sahen. Wir sind nicht doof, und wir hatten uns bisher ganz gut durchgeschlagen. Nachmittags lagen wir am Seeufer, spielten mit den Enten und grasten in der Wiese. Ein paar Meter entfernt war ein anderes Gasthaus. Natascha entdeckte auf der Rückseite neben einer Garage einige Mülltonnen, aus denen wir alte Würste und Käsestücke fischten. Vorsichtshalber schleppten wir die Teile gleich zu unserer Liegewiese, um nicht etwa von irgendwelchen Leuten aus der Gastwirtschaft gestört zu werden. Streunende Hunde, die Mülltonnen leeren, haben bei den Zweibeinern kein gutes Image.

Allmählich wurde es dunkel, und ich dachte darüber nach, was wohl die Zweibeiner zu Hause tun würden, ob sie uns vermissten oder ob es ihnen egal wäre, weil sie ohnehin anderweitig beschäftigt waren. Natascha lag neben mir und legte ihren Kopf an meine Schulter. Auf der anderen Seite des Wassers schickte die Sonne ihre letzten Strahlen zu uns herüber, bevor sie ganz hinter den Horizont tauchte. Es wurde ruhig auf der Insel. Die Zweibeiner waren alle auf den Schiffen verschwunden, und wir fühlten uns ziemlich einsam. Ungewohnt einsam. Eine Nacht draußen und nicht im Haus. Ich wusste nicht, wann ich dies das letzte Mal erlebt hatte. Ich war müde, aber auch ein wenig aufgeregt. Außerdem fühlte ich mich verantwortlich für Natascha, die wie ein kleines Hundemädchen neben mir lag. Es wurde dunkel, und wir hörten das Schnattern der Enten und das Zirpen der Grillen. Es kam mir vor, also ob wir ganz weit weg wie auf einem anderen Planeten gelandet und unser Zuhause endlos weit entfernt wäre.

Am nächsten Morgen sind wir früh wach geworden. Das Knattern eines Motorbootes hatte uns geweckt, ein Fischer war nur ein paar Meter von uns entfernt und legte vom Ufer ab. Er holte die Fische aus dem See, die dann später die Zweibeiner von den Stecken fieseln würden und deren Überreste in der Tonne landeten, die ich so akrobatisch geleert hatte. Von dem Sturz spürte ich immer noch einen leichten Schmerz in der Schulter. Ich schlich zum nächsten Baum, erledigte ein dringendes Geschäft und lief zum Ufer, wo ich etwas Wasser trank. Habt ihr schon mal gesehen, wie Hunde Wasser trinken? Wir haben keine Flaschen und Gläser wie die Zweibeiner. Wir haben eine lange und bewegliche Zunge, die wir wie einen Löffel ins Wasser tauchen und dann das Wasser ins Maul schöpfen. So einfach geht das. Dass dabei auch der eine oder andere Tropfen wild durch die Luft fliegt, ist ja wohl klar. Zweibeiner, die keine Hunde haben, sind dann immer pikiert. Aber auf solche Leute musst du als Hund auch keine große Rücksicht nehmen.

Natascha lag noch auf der Wiese und blinzelte leicht verschlafen. Ich glaube, sie war derart unbequeme Nachtlager nicht gewohnt. Wenn du zu Hause in einem weich gepolsterten Körbchen, vielleicht sogar bei den Zweibeinern im Bett schläfst, dann ist der feuchte Wiesenboden nicht gerade eine Offenbarung. Sie stand auf, schüttelte sich, dehnte die Beine, indem sie den Körper nach hinten schob, und gähnte dabei ausgiebig.

„Was machen wir nun?", fragte ich sie.

„Keine Ahnung", meinte sie, „wir sollten uns was Fressbares organisieren und dann überlegen, wie wir wieder auf ein Schiff kommen."

Mir war es ehrlich gesagt noch etwas zu früh für komplizierte Gedanken. Vielleicht sollten wir zuerst ein wenig rumlaufen, spielen und schnüffeln, Enten verscheuchen und Kinder erschrecken. Das macht wach und schafft gute Laune.

Wir streunten noch ein wenig am Ufer entlang. Aber am frühen Morgen war noch nichts los auf der Insel. „Das dauert, bis die Schiffe mit den Urlaubern kommen", wusste Natascha. Sie war ja so klug. Am Ufer war nichts los. Auch die Enten schienen noch zu schlafen. Wir liefen über die Wiese hinüber zur Klostermauer, schlichen an ihr entlang und schnüffelten im Gras.

Plötzlich hörte ich Schritte und witterte menschliche Gerüche, die ich aber so noch nicht kannte. Ich schielte um die Ecke und sah eine Frau in einem langen dunklen Gewand auf mich zukommen. Sie blickte etwas weltfremd in den Boden und stockte, als sie mich sah. Sie erschrak sogar ein wenig bei meinem Anblick, was ich als Dackel noch nicht so oft erlebt habe.

Nun stand sie vor mir, ein paar Meter dahinter wartete Natascha, und sie guckte uns an und überlegte ganz offensichtlich. Dann entspannte sich ihr Mienenspiel, und sie sagte zu uns mit einer ungewohnt sanften Stimme: „Wo kommt ihr beiden denn her? Hat euch jemand ausgesetzt, der keine Zeit mehr für euch hatte, ihr Armen?"

Blitzartig wurde mir klar, dass wir nun einen auf Mitleid machen mussten. Ich setzte mich wie gewohnt auf die Hinterläufe, reckte den Hals leicht nach oben und winselte. Natascha kam ein paar Schritte nach vorne, legte sich auf den Bauch und winselte ebenfalls. Das war einfach zu viel für die arme Frau. Sie beugte sich zu uns und strich uns mit der flachen Hand zart über das Fell. Als sie mir näher kam, verzog sie das Gesicht und murmelte angestrengt: „Du riechst aber gar nicht gut." Damit meinte sie wohl mein Fischdressing vom Vortag. „Bei uns", flüsterte sie, „ist immer Platz für Wesen, die in Not sind." Sie stand auf, sah uns in die Augen, drehte sich um und winkte uns. Wir sollten ihr folgen.

Langsam ging sie zurück an der Mauer entlang, und wir tippelten brav hinter ihr her. Wir kamen zu einer großen braunen Holztür, die sie mit einem dicken, alten Schlüssel und einem lauten metallischen Klicken öffnete. Drinnen befand sich ein sauberer Hof, der mit Blumen garniert war und auf dem einige Bänke standen. Wir liefen über einen Kieselweg, und sie ging mit uns durch eine Tür in das Innere, wo wir direkt in einer Küche landeten. Eine große Küche, in der es nach Kaffee und frischen Semmeln roch. Nicht gerade unsere Art von Frühstück, aber wenn du in der Fremde bist und Hunger hast, dann bist du nicht sehr wählerisch.

Doch dann wurde mir ziemlich schnell klar, dass wir hier einen Haupttreffer gezogen hatten. Keine Mülltonnen und keine Zweibeinertanten mit fetten Kuchenresten. Hier gab es wirklich was Gutes zu futtern. Die Frau öffnete einen Schrank und zog eine Plastikschüssel raus, auf die sie Brotreste und einige Fetzen Schinken und Käse legte. Ein perfektes Frühstück. Sie setzte die Schüssel in eine Ecke auf dem Flur außerhalb der Küche und sagte nur kurz: „Guten Appetit, ihr beiden." Dann drehte sie sich um und verschwand hinter einer Tür.

Zwei Hunde und eine Futterschüssel, das gibt normalerweise Probleme. Aber Natascha und ich waren ein Team, und wir bissen und schlangen, ohne uns in die Quere zu kommen. Wozu auch. Die Portion war reichlich, und niemand war sonst da, der uns das Futter abspenstig machen konnte. Mit gut gefüllten Bäuchen schleppten wir uns über den Flur zu einer Tür, die hinaus zu dem Innenhof des Klosters führte. Wir legten uns neben einer Bank auf einem weichen Beet in die Sonne und wollten ein wenig verdauen und schlafen. „Hier könnte ich es noch länger aushalten", meinte ich, „hier ist es so friedlich, und hier kümmert man sich so nett um uns."

Natascha sah mich an. „Aber irgendwann müssen wir zurück. Oder willst für den Rest deines Hundelebens zigeunern?"

Ein wenig romantisch klang das doch schon, oder? Hundezigeuner. Hundeaussteiger. Wie einst die Hippies in der Natur leben. Den ganzen Tag faulenzen, rumstreunen und Liebe machen. Meine Fantasie ging mit mir durch. Wir waren doch im Kloster, und dort wird eher gebetet und fromm gelebt. Als Zweibeiner. Als Klosterhund müsstest du sicher nicht mitbeten. Vielleicht brauchten sie einen Wachhund? Oder zwei? Ich kam ernsthaft ins Grübeln. Wenn sie uns nun so ein Angebot machen würden? Das fühlte sich hier alles so ruhig und entspannt an. Das Essen war gut, und wie die Schwester mit uns umging, das war freundlich und friedlich. Keine gestressten Zweibeiner, die nur stritten. Kein Trainingsanzug, keine rauflustigen Pudel.

Wir schliefen ein wenig, bis uns Glocken weckten. Dann sahen wir uns ein bisschen um im Kloster, sind einigen Schwestern begegnet, die uns überrascht angeschaut und dann gekichert haben. Später kam eine Schulklasse in den Hof, und wir zogen es vor, uns etwas zurückzuziehen. So viele Kinder auf einen Haufen, das ist für Hunde nicht gut, weil sich die jungen Zweibeiner dann gegenseitig zu übertreffen versuchen, wenn sie mit uns rumspielen und uns ärgern wollen.

Wir fanden einen Raum, in dem keine Zweibeiner waren und in dem große, alte Holzmöbel rumstanden. Ein wenig roch es nach Mottenkugeln. Auf dem harten Steinboden lag ein kleiner Teppich, der uns beiden genug Platz bot. Wir warteten mal ab. Dann kam die Schwester, die uns aufgelesen hatte und die uns so nett mit Futter versorgte. Sollten wir vielleicht wieder etwas winseln? Mal abwarten. Sie lächelte freundlich, ihre Augen glänzten hinter den Brillengläsern, und dann beugte sie sich zu uns und sagte: „Was sollen wir jetzt nur mit euch machen?"

Ich hätte da schon einige Ideen, dachte ich bei mir. Aber davon hatte sie leider keine Ahnung. Sie ging auf die andere Seite des großen Zimmers an einen alten Tisch und nahm ein Telefon aus ihrer Tasche. „Hallo. Bin ich da beim Tierheim?", rief sie in das Telefon. Wir zuckten zusammen. Tierheim? Nur das nicht! Die Frau war doch so nett zu uns. Wie konnte die uns ins Tierheim schicken. Wir waren schockiert.

„Wir müssen hier abhauen, und zwar so schnell wie möglich", fauchte Natascha.

„Nichts überstürzen. Nicht dass sie uns noch vorsichtshalber irgendwie einsperren", erwiderte ich.

Wir saßen regungslos da und warteten. Am Telefon hörten wir von ihr nur kurze Worte. „Ja. Aha. Gut. In Ordnung. So machen wir das." Das klang nicht gut.

Sie drehte sich zu uns und sagte mit ihrer stoisch sanften Stimme: „Ich bin gleich wieder da." Sie verschwand im Flur, und wir begannen fieberhaft zu überlegen. „Die Schulklasse!", rief ich. „Genau", meinte Natascha.

Wir liefen in den Garten und orientierten uns an den nicht zu überhörenden Stimmen der Schulkinder. Sie standen an einem kleinen Altar neben dem großen Eingangstor und redeten. Die dünne Lehrerin mit der dunklen Hornbrille stand in der Mitte, hob den Zeigefinger und sagte streng, mit einer künstlich klingenden nasalen Stimme: „Und draußen seid ihr bitte etwas leiser als vorhin." Das war das Signal. Das Tor öffnete sich, und die Schulkinder tippelten raus in die Freiheit. Es war unsere Freiheit.

Wir schlossen uns der Gruppe ganz hinten an, um nicht von der Lehrerin entdeckt zu werden. Gleich hinter dem Tor drehten wir ab und liefen über den Kieselweg Richtung Schiffsanlegestelle. Beim Klosterwirt roch es wieder köstlich, aber wir waren ja schon ziemlich vollgefressen, und an Speisen wollten wir in diesem Moment keinen Gedanken verschwenden.

Ich gebe zu, dass wir beide nun ziemlich eingeschüchtert waren und uns die Lust auf Abenteuer zunächst vergangen ist. Tierheim brauchten wir überhaupt nicht. Das wäre das Schlimmste. So wie Gefängnis für die Zweibeiner. Eine enge Zelle, wenig Auslauf, schlechtes Essen und rechts und links lauter durchgeknallte Hunde. Nun gehörte unsere ganze Konzentration der Frage, wie wir auf ein Schiff kommen könnten.

Wir hielten uns zuerst seitlich unterhalb des Stegs auf, wo kein Zweibeiner hinschaut. Dort hatten wir Ruhe und konnten uns ganz darauf konzentrieren, wann wieder ein Dampfer einlaufen sollte. Natascha lag seelenruhig da und sagte nichts. Ich glaube, sie hatte nun die Nase etwas voll und sehnte sich nach ihrem Zuhause. Das konnte ich auch gut verstehen, obwohl ich selbst nicht wusste, was mich zu Hause erwarten würde. Ob mich überhaupt jemand erwarten würde. Vielleicht war die Zweibeinerin ja schon längst mit dem Trainingsanzug durchgebrannt. Natascha hatte ja zumindest ihre dicke, dunkelhaarige Zweibeinerin, die jeden Tag auf dem Sofa Pralinen futterte.

Bald hörten wir das Grollen des Dieselmotors. Wir sprangen hoch, lugten über den Steg und sahen etwas Großes, Weißes auf uns zukommen. „Das ist er", rief ich. Wir schlichen uns an einer Gruppe Zweibeiner vorbei und kamen in die Nähe der Einstiegsstelle. Hinter uns war plötzlich eine bekannte Stimme. Eine nasale und strenge Stimme. „Bitte in Zweierreihen und nicht drängeln!" Ganz klar. Die Schulklasse war wieder unsere Chance. Wir mussten uns nur im hinteren Teil unter die Mädel drängeln, sie ein wenig bezirzen und so tun, als ob wir dazugehörten. In einer Horde keifender Teenager würden die Dicken vom Schiff keine Lust verspüren, nach Hunden zu jagen. Dazu wären sie viel zu bequem.

Die Schulklasse schob sich an uns vorbei. Einige Mädel hatten uns schon erkannt und auserwählt.

„Hallo, ihr Süßen", rief eine dünne Blonde mit einer glitzernden Zahnspange zu uns herab. Wir wedelten taktisch mit den Schwänzen und schoben uns zu ihr hinüber. Sie freute sich und streichelte uns, kraulte mir den Nacken, während wir uns langsam zum Einstieg bewegten, wo diesmal zwei ganz andere Typen standen. Ein Kleiner mit Vollbart und eine schmächtige Frau mit einem Dutt auf dem Kopf. Sie bewegten sich fast gar nicht und nahmen von den vorbeigehenden Zweibeinern kaum Notiz. Die Schulkinder zogen im Pulk an ihnen vorbei und kicherten und gackerten. Die beiden nervte das offensichtlich, und sie vertieften sich in ein Gespräch über das, was sie am Vorabend gegessen hatten. Wie aufregend.

Die Zahnspange nahm Natascha nun auf den Arm und ging mit ihr an den Kontrolleuren vorbei, als ob nichts wäre. Ich rutschte schnell unten vorbei und verzog mich wie bei der Hinfahrt unter die Sitzbänke im Außenbereich. Dort wartete ich auf Natascha, die immer noch auf den Armen der Zahnspange hockte und die Lage peilte. Die Zahnspange lief zu den anderen Mädeln und wollte mit Natascha angeben. Doch der war das zu viel, und sie knurrte und schnappte nach der Nase der Zahnspange. Die erschrak vollends und ließ Natascha fallen, die dann auf den harten Boden des Schiffs knallte. Glücklicherweise aber auf allen Vieren, sodass sie das gut abfangen konnte. Sie folgte gleich meiner Fährte durch Pommesschwaden hindurch und setzte sich zu mir unter die Sitzbänke. Das Schiff legte mit einem polternden Geräusch ab, und wir waren beide ziemlich erleichtert, dass unsere letzte Tour nun endlich begann.

Beim Ausstieg leisteten wir einer Gruppe älterer Zweibeinerinnen Gesellschaft, die offensichtlich auf Kaffeefahrt waren. „Na, du süßer kleiner Dackel", flötete mir eine von ihnen zu, was mich jetzt aber gar nicht interessierte. Das Aussteigen war kein Problem mehr, und schon standen wir wieder auf dem Festland und überlegten noch, ob wir gleich heimwärts laufen oder uns noch eine kleine abschließende Pause gönnen sollten. Etwas angespannt waren wir beide. Wir hatten keine Ahnung, ob zu Hause Drama oder Wiedersehensfreude angesagt war. In dieser Hinsicht sind die Zweibeiner unberechenbar.

Showdown am See

Der Ausflug auf die Insel war für uns beide eine völlig neue Erfahrung gewesen. Natascha war vorher noch nie so lange alleine unterwegs, und ich auch nicht. Es hat uns gefallen, es gab auch ganz schön brenzlige Situationen. Wir waren aber trotzdem glücklich und zufrieden. Wir hatten es geschafft. Wir hatten Spaß gehabt und alle auftauchenden Probleme gelöst. Mehr oder weniger. Immerhin waren wir mit heiler Haut zurück.

Natascha und ich sind bei der Schiffsanlegestelle noch etwas ratlos rumgestanden. „Was machen wir jetzt? Unternehmen wir noch was zusammen, oder willst du nach Hause?", fragte ich sie.

Sie sah mich an, überlegte und antwortete: „Ich habe ehrlich gesagt keine Ahnung. Irgendwie hab ich zwar schon Heimweh. Aber mir geht's wie dir. Ich weiß nicht, was uns erwartet."

Die Idee war ja gewesen, dass wir so lange wegbleiben, dass die Zweibeiner Angst um uns bekommen und froh sind, dass wir überhaupt zurückkommen. Wie wir das machen sollten und wie lange das dauern könnte, hatte ich keine Ahnung. Vielleicht war es noch viel zu früh. Vielleicht hatten sie aber auch bereits hektisch nach uns gesucht. Ich war etwas ratlos. Aber ich bin ein Dackel, ein Jäger und Kämpfer, und da wollte ich keine Schwäche zeigen. Ich reckte den Kopf nach oben, schaute ernst und kampfeslustig und sagte: „Kein Problem. Wir machen das."

Es war ein schöner Sonntag mit blauem Himmel und vielen Zweibeinern, die am See entlangspazierten. Typisches Ausflugswetter. Es waren auch etliche Hunde unterwegs, die wir alle nicht kannten. Sie durften mit ihren Leuten Gassi gehen, und weil so viel Trubel war, blieben sie alle an der Leine. Außer uns. Wir waren vogelfrei. Daran kannst du dich als Hund schnell gewöhnen. Bei all den Komfortvorteilen, die dir die Zweibeiner bieten, Freiheit ist schon etwas Besonderes. Und wir waren gerade dabei, dieses Privileg wieder aufzugeben. Irgendwie fiel mir das schwer. Natascha dachte da ähnlich. „Wir können ja hier noch eine Weile herumziehen. Das ist völlig gefahrlos, weil wir im Ernstfall gleich zu Hause sind."

Zu Hause? „Wer weiß, ob da überhaupt jemand da ist. Ich meine, es ist Sonntag, und wie ich meine Zweibeiner kenne, sind sie auf einen Spaziergang unterwegs oder hocken bei einem Italiener." Normalerweise. Ich hatte ganz vergessen, dass wir ja Krise hatten. Waren sie überhaupt da? Und wenn sie unterwegs sein sollten – waren sie dann zusammen unterwegs oder vielleicht getrennt? Womöglich sogar mit neuen Partnern.

„Vielleicht sind sie unterwegs, und du kommst daheim gar nicht ins Haus und zu deinem Futter", warnte mich Natascha.

Wir lagen im Sand am Seeufer und überlegten, was wir tun sollten. Enten watschelten vorbei, so als ob wir gar nicht da wären. Normalerweise haben die

Angst vor uns. Offensichtlich waren wir für die gar nicht existent. Natascha stand auf, ging zu einem nahen Baum, um ihn zu bewässern. Ich sah ihr zu, als plötzlich ein Hund heranschlich und sie im Visier hatte. Ein nicht identifizierbarer Mischling, der von der Größe und vom Geruch her an einen Jack-Russell-Terrier erinnerte. Er schlich sich mit heftig wedelndem Schwanz an Natascha ran und begann an ihr zu schnüffeln, als sie noch beschäftigt war.

Ich spürte, wie Ärger in mir aufstieg, sich meine Haare aufstellten und ich begann, mit den Pfoten im Sand zu scharren. Ich wartete noch ein paar Sekunden, dann entschloss ich mich einzugreifen. Eine innere Stimme sagte mir, dass ich nicht direkt auf ihn zugehen, sondern ihn von hinten überraschen sollte. Er war von Nataschas Düften so abgelenkt, dass er mich nicht wahrnahm. Ich ging langsam in einem weiten Bogen um die beiden herum, duckte mich etwas, wie wenn ich auf der Jagd wäre. Ganz leise setzte ich die Pfoten auf den Boden und beobachtete ihn. Er schnüffelte immer noch an Nataschas rückwärtigem Körperteil und wedelte wie verrückt mit seinem Schwanz, was mir sagte, dass er ansonsten nichts checkte. Sein Pech. Ich beendete den Bogen und lief nun direkt auf ihn zu. Auf den letzten Metern beschleunigte ich und setzte zu einem Sprung an.

Ich landete auf seinem hellen Rücken, krallte mich ein und biss ihm ins Fell. Er zuckte zusammen, jaulte laut auf, duckte sich und sprang zur Seite. Ich drehte mich zu ihm, fletschte ihn an und bellte laut.

Wie ein Gladiator stand ich da und sah, wie ihm Blut über das helle Fell lief. Er machte eine kurze, schnelle Drehung, lief ein paar Meter weg, wo er sich in Sicherheit glaubte, und begann an seiner Wunde zu lecken. Ich überlegte, ob ich ihn verfolgen oder es sein lassen sollte. Ein paar Meter könnten nicht schaden, dachte ich und lief auf ihn zu, bellte und knurrte, worauf er sich abdrehte und schnell davonspurtete. Sein Ziel war eine Zweibeinerin in einem blauen Jogginganzug mit Stöcken, wie sie Zweibeinerinnen gerne in der Freizeit spazieren tragen und die beim Laufen immer furchtbar scheppern.

„Benny, bei Fuß", rief die Zweibeinerin mit halbwegs normaler Stimme, was mir sagte, dass sie die Wunde ihres Lieblings noch nicht entdeckt hatte. „Oh Gott", heulte sie plötzlich auf wie eine Feuerwehrsirene. „Was ist mit meinem Benny geschehen?", ging es genauso laut weiter. Der hat sich vor ihre Füße auf den Bauch gelegt und den Kopf nach hinten gedreht, damit er seine Wunde lecken konnte. Dazwischen fiepte er hektisch. „Wer hat dir das angetan?", rief sie nun mit ärgerlicher Stimme und knallte einen Stock vor Wut in den Sand.

Mir wurde klar, dass wir nun langsam verschwinden sollten. Natascha stand regungslos neben dem Baum, starrte mich an und schwieg. „Komm", rief ich ihr zu, „wir verziehen uns." Ich lief weg vom Strand zu einem Parkplatz, wo wir hinter den Autos rasch verschwunden waren und die Zweibeinerin uns nicht mehr verfolgen konnte.

Natascha war mit meiner Aktion zufrieden. „Schön, dass du so aufmerksam bist", meinte sie und leckte an meinen Ohren. Ich war stolz. Ein Liebhaber, der seine Partnerin wie ein Löwe verteidigt. Gut, bei einem Rottweiler wäre ich nicht so todesmutig zum Angriff übergegangen. Aber das war theoretisch. Was will schon ein dicker, fetter Rottweiler von einer kleinen Hundedame.

Irgendwie kam ich zu der Erkenntnis, dass unser gemeinsamer Ausflug mich verändert hatte. Vorher war ich ein junger Dackel gewesen, der die Welt entdecken wollte. Nun kam ich mir erwachsener vor. Stolzer und selbstbewusster. Ich hatte schwierige Situationen überstanden und Rivalen weggebissen. Und ich hatte gelernt, die Zweibeiner taktisch geschickt auszutricksen. Das war fast noch wichtiger. Die Zweibeiner sitzen an der Quelle. Sie entscheiden, was du tust und was du bekommst. Wenn du weißt, wie du sie manipulieren und beeinflussen kannst, dann bis du der Sieger. Ich hätte auch nicht geglaubt, dass das so einfach sein kann, so wie bei den älteren Zweibeinerinnen auf der Insel oder beim Ein- und Aussteigen auf den Schiffen. Du musst nur verstehen, wie sie ticken, was ihre Wünsche uns Hunden gegenüber sind. Das ist oft ziemlich einfach, weil sie dich nicht als Hund, sondern als ein menschliches Lebewesen sehen, das zufällig wie ein Hund aussieht. Das musst du als Hund verstehen. Du musst damit arbeiten und deine Taktik immer verfeinern und weiterentwickeln. Dann bist du der King.

Natascha und ich überlegten, wie wir den Rest des Tages und vor allem unsere Rückkehr angehen sollten. Es sollte wieder taktisch sein. Davon war ich überzeugt. Aber wie? „Du hast ja schon gemeint, dass wir so zurückkommen sollten, dass sie froh sind, dass wir überhaupt wiederkommen", meinte Natascha. Die Frage war nur, wie könnten wir das beeinflussen? Einfach hinsetzen, traurig schauen und winseln so wie bei den Zweibeiner-Kuchentanten, das würde nicht reichen. Da waren wir uns beide einig. Vor allem weil es auch sein konnte, dass die gerade mit ihrem Beziehungsstress voll unter Strom durch die Gegend liefen. „Da müssen wir nachlegen und dicker auftragen. Da bin ich mir sicher", sagte meine Partnerin mit fester, für so einen kleinen Hund ungewöhnlich fester Stimme. Natascha hat eben Persönlichkeit. Ich habe das vom ersten Moment an gewusst. Sie könnte eigentlich ein Dackel sein.

Sie saß da, schaute mich an, und plötzlich begannen ihre Augen zu leuchten. Da war etwas im Busch. Nur was? Sie strahlte und sagte: „Du hast doch eben gesehen, wie die Zweibeinerin von dem Jack-Russell-Typen ausgetickt ist, wie er mit der blutenden Wunde von deinem Biss angelaufen kam." Klar, hatte ich gesehen. Na und?

Sie fuhr fort: „Da hätte er ihr auf ihre neuen Schuhe kacken können, und sie hätte ihn trotzdem verteidigt wie eine Löwin."

Ich ahnte allmählich, worauf sie hinauswollte. Wenn die Zweibeiner uns sahen, wie wir verletzt dalagen und jaulten und jammerten, dann hatten sie nur noch eines: Mitleid. Klar. Das war die Lösung. „Wir müssen uns ja nicht gegenseitig blutig beißen. Es reicht auch ein hinkendes Hinterbein", fiel mir spontan ein.

„Klar. Wir sind noch nicht so blöd und beißen uns gegenseitig blutig. Völlig überflüssig."

Der Plan war genial, und wir überlegten, wie wir das anstellen konnten, wie ich daliegen sollte, am besten auf der Terrasse, und den hilflosen kleinen und liebebedürftigen Dackel spielen könnte. Der Gedanke gefiel mir immer besser. „Ich liege auf der Terrasse, und du musst mich bemuttern und auch fest fiepen, dass es richtig traurig wirkt", setzte ich nach. Sie antwortete nicht und nickte zur zustimmend. Unser Plan war perfekt.

Mittlerweile war es spät am Nachmittag geworden. Die Sonne stand schon tief, und wir liefen entspannt und ganz ohne Hektik Richtung Heimat, vorbei am Park und direkt zum Haus meiner Zweibeiner. Zu dieser Zeit müssten sie, wenn die Lage halbwegs normal war, wieder zu Hause sein. Von außen war niemand zu sehen und zu hören. Ich konnte auch keine besonderen Gerüche wahrnehmen. Wenigstens war das Rasierwasser vom Trainingsanzug nicht dabei.

Wir schlüpften unter dem Zaun hindurch und schlichen über den Rasen zur Terrasse. Ich konnte Stimmen im Haus hören. Es waren meine beiden Zweibeiner, dazu Musik aus dem Radio. Sie waren also da. Das Spiel konnte beginnen. Ich legte mich direkt vor der geschlossenen Terrassentür auf die Seite und jaulte leise, dann etwas lauter. Ich kratzte mit der Pfote am Türrahmen, was ein lautes, helles Knirschen verursachte. Das mussten selbst die tauben Zweibeiner mit ihren winzigen Ohren hören. Natascha setzte sich neben mich, saß aufrecht da, schnüffelte an meinen Oberschenkeln und fiepte leise. Ich jaulte noch einmal und kratzte wieder am Türrahmen, wobei etwas Lack an meinen Krallen hängen blieb. Auch egal. Das war schließlich ein Notfall.

Dann hörten wir Schritte, die zuerst im Obergeschoss waren, dann die Treppe herunterkamen. Die Schritte wurden lauter. Es war er, mein Zweibeiner. Er war also wieder zurück vom Friseusenausflug. Und kein Trainingsanzug im Haus. Ich schnaufte erleichtert, wechselte dann aber wieder in den Trauermodus und jaulte leise vor mich hin. Die Schritte wurden noch lauter, und ich spürte am Boden, wie sie durch das Wohnzimmer näher kamen. Dann knackte es am Türschloss, und die Tür ging mit einem leisen Quietschen auf. „Da bist du ja", brummte er laut und mäßig freundlich und bückte sich zu mir. Er sah mich an, dann Natascha, und überlegte.

Ich setzte sofort ein elendes Jaulen hinterher, dass er nicht auf falsche Gedanken kommen könnte. Natascha fiepte und leckte an meinen Hinterläufen. Das saß. Er beugte sich zu mir herunter und streichelte ganz vorsichtig mein Fell. „Was ist los mit dir? Bist du verletzt?" Seine Stimmung wurde schon besser. Ich jaulte weiter. Natascha leckte jetzt ganz hektisch an meinen Hinterläufen. „Armer, armer Rambo", stöhnte der Zweibeiner und streichelte weiter. Das kommt gut an, dachte ich bei mir und hätte am liebsten gegrinst. Ich musste mich aber ganz auf meine Darstellung konzentrieren.

Er kraulte an meinem Nacken, weil er wusste, dass das eine meiner Lieblingsstellungen ist. Der Zweibeiner kniete vor mir, drehte sich dann mit dem Gesicht in Richtung Wohnzimmer und rief mit ganz besorgter Stimme: „Liebling, kommst du mal? Rambo ist da, und ich glaube, er ist verletzt." Er hatte Liebling gesagt. Das klang nach Versöhnung und nach guten alten Zeiten.

„Oh jeeh", hörte ich es von oben, dann folgten schnelle, trippelnde Schritte auf den Stufen der Treppe. Ich habe sie nicht kommen sehen, weil ich mich in meiner vermeintlichen Verletztenlage nicht so weit drehen konnte und der Zweibeiner sich vor mir aufbaute, aber ihr vertrauter Geruch stieg in meine Nase, und er war angereichert mit ihrem Standardparfüm. „Zeig mal", hauchte sie wie eine besorgte Mutter, drückte seine Schulter sanft beiseite und legte sich fast auf mich. Ich schob noch ein herzzerreißendes Jaulen nach und wartete dann ab.

Sie beugte sich ganz tief, dass ich ihren leicht alkoholischen Mundgeruch atmen konnte. Ganz klar Prosecco. Das roch nach Versöhnung. „Mein Liebling", seufzte sie und strich mit der Hand über meinen Rücken. „Sehen kann man aber nichts", sagte er dann mit fast schon wieder normaler Stimme. Ich gab Kontra, schüttelte mich und jaulte kurz, sah ihr dabei in die Augen. „Mein Schatz, das wird wieder", schluchzte sie, und ihre Augen wurden wässrig. Jetzt hatte ich gewonnen, das war mir in diesem Moment klar.

Er hob mich hoch, trug mich ganz vorsichtig zum Sofa im Wohnzimmer. Sie breitete ein dicke Wolldecke aus, auf die er mich ganz vorsichtig niederlegte. Sie standen da, umarmten sich und schauten voller Mitleid zu mir herunter. Ich konnte nicht hinsehen und spielte den vor Schmerz Apathischen. „Jetzt bekommst du mal eine schöne Mahlzeit, damit du wieder zu Kräften kommst", sagte er voller Tatendrang. Sie setzte sich neben mich, legte den Arm auf die Rückenlehne des Sofas und schaute mich an. Er war schon in der Küche und werkelte an den Dosen mit Hundefutter herum. Das Geräusch war mir bestens vertraut. Sie stand dann auch auf, blickte zu mir und meinte: „Ich hol dir jetzt was zu trinken. Wir müssen dich jetzt mal richtig verwöhnen."

Genau das war es. Ich drehte mich zu Natascha, die dabei war, den Heimweg anzutreten, und grinste sie an: „War das nicht wieder eine perfekte Zusammenarbeit?"

Sie grinste zurück. Wir sehen uns, Baby.

Nach dem Erfolg der „Kulinarischen Streifzüge
durch den Chiemgau" hat sich ein erweitertes Team
wieder auf den Weg gemacht, um auch in den an-
grenzenden Landschaften Oberbayerns Sehens-
und Probierenswertes aufzuspüren – noch ein
Buch, das Appetit macht, und zwar in jeder Hinsicht!

232 Seiten, €35,00
ISBN 978-3-9813620-7-7

Besuchen Sie die Buchhandlung Ihrer
Wahl oder unseren Internetshop mit
direktem, kostenlosem Sofortversand:

www.chiemgauerverlagshaus.de

1. Auflage
© 2014 Chiemgauer Verlagshaus, Breitbrunn
www.chiemgauerverlagshaus.de

Gestaltung des Buchüberzuges:
Grafikdesign Storch, Ulrike Vohla, Rosenheim,
unter Verwendung der Fotos von
shutterstock/Erik Lam (Buchvorderseite)
shutterstock/Eric Isselee (Buchrückseite)
Satz: Bernhard Edlmann Verlagsdienstleistungen, Raubling

ISBN 978-3-945292-00-6